はじめよう！1人でできる小さなお店

小店舗開業・運営プロデューサー
西本浩也

同文舘出版

まえがき

この本を手に取ってくださった方々の多くは、おそらくなんらかの形で「将来商売を始めたい」と思っているはずです。

私はそのような方々に、あえてこう言います。

「カッコよさやお金儲けを夢見て商売を始めたいと思うのなら、絶対にやめたほうがいいでしょう」と。

「なんだ？　この本は起業をすすめる本じゃないのか？　商売をするなって、意味がわからない」――こう思ったのではありませんか？

たしかに商売をする上では、よい意味でのコンプレックスやハングリー精神は必要です。こうした願望は商売を進める大きな原動力になるからです。

しかし現実は、世の中の事業主のほとんどは、なんとか生活していくために必要なお金しか儲かっていません。

「まさか」と思う方も多いでしょうが、それが現実です。そのぐらい商売は厳しく難しいものだと認識してください。

お金や自由を得たいだけなら、ほかにいくらでも方法はあるでしょう。

大手企業のエリートなら、商売するよりよほど高収入を得られるでしょうし、資金をある程度持っているのなら、流行りの株式投資をすれば自由に活動できるはずです。何も商売などする必要はありません。

私は、生花店という商売を選択し、10年近く1人で運営してきた中で確信していることがあります。それは、「商売とは、自分の生きがいと存在価値を見つけ、自分が成長するための道具である」ということです。

こう言うと、「利益追求が第一でないと商売は継続できない。そんなきれいごとは通用しない」と思われるかもしれません。

しかし、どんなに儲かっても、そこに生きがいと存在価値を見つけられない限り、商売は継続できません。

逆に言えば、生きがいと存在価値さえ見つけられたら、どんな商売でも継続可能なのです。継続して初めて「利益」が追求できるようになるのです。

誰でもゼロから事業を立ち上げるのはとても大変なことです。開業するにあたっては、さまざまな問題を乗り越えなくてはなりませんし、そのためには勇気と実行力が必要になります。

その中で今回、私が提案する「1人でできる小さなお店の開業・運営ノウハウ」は、小資金で開業・運営ができ、未経験の業種にも活用できるので、起業願望はあるものの資金が乏しい方や、商売未経験の方、何を販売したらよいのかわからない方などの役に立つことでしょう。

これにより、起業し商売を継続するためのハードル（障害）がかなり低くなるはずです。この本を読んでくださった方の中で、１人でも多くの方が商売を正しく理解し、独立を実現してほしいと思います。

そして、厳しい現実と商売との向き合い方を学んだ方に、最後に私はあえてこう言います。「もしあなたが、生きがいや自分の存在価値を見出すために商売を始めたいと思うのなら、ぜひチャレンジしてください」と。

「はじめよう！　1人でできる小さなお店」●目次●

CONTENTS

3章 どんなお店にするかは、こうして決めよう

CONTENTS

5章　いよいよ開店

カバーデザイン　新田由起子
ＤＴＰ　一企画

プロローグ　私が開業したワケ

私は開業するまで、何ひとつ努力や根気で結果を出したことがありませんでした。無理なく入れる高校へ入学し、大学受験も就職活動もやりたくなかったので、高校卒業後は親の商売を手伝うという名目で働き始めました。毎日、気が張ることもなく、やる気も出ず、無気力そのものでした。

仕事もせず、夜になると朝まで遊ぶ毎日の繰り返しです。そうです、私は当時、今で言う「ニート」でした。

親も、最後にはとうとうあきれてしまい、私を知り合いの経営する雑貨店へ預けたのでした。私は何もわからずに、言われるがままにそこで働くことになったのです。

その雑貨店は、店舗内での接客販売や商品管理を主な業務としており、幸いにも、私はここで接客販売の基本を学ぶことができました。この会社は当時とても小さかったため、わずか入社半年ほどで、まだ19才になったばかりの私が店長を任されるようになっていました。

すると今度は接客販売だけでなく、仕入れ業者との交渉やアルバイト人員の管理や金銭管理など、店舗運営上の重要な業務をこなさなくてはならなくなりました。これにより、店舗経営の大まかな流れとコツを身につけたのです。

店長になり、仕事を任されることでやりがいや充実感はありましたが、不満もありました。ノルマを達成したり売上げを伸ばしても、ほとんど自分の給料に反映されなかったからです。このころからです。「結果を出した分だけの報酬がほしいなぁ」と、おぼろげに考えはじめたのは。

2〜3年が経ったころ、親の商売が急激に忙しくなり、私に手伝ってほしいと頼んできたのです。私はそれを快く引き受けました。その理由は、雑貨店での経験を生かして家業を手伝えば、十分に力を発揮できると確信したからです。

実家の商売は雑貨店とまったく違う業界で、海外（主に韓国や中国）から商品を輸入して、それを問屋に卸すという輸入販売を行なっていました。

当時はまだ韓国や中国の物価も安く、直輸入で商品を仕入れるメーカーもあまりありませんでした。私たちは独自のルートから商品を仕入れ、個人商店特有の細かい対応をすることで問屋から注文が相次ぎ、いつも多忙をきわめていました。

しかし、いい時ばかりは続きません。しだいに真似する同業者が現われて、しかも私たちより安く販売し始めたのです。こうして価格破壊が広がり、本来は安かったはずの私たちの商品が売れなくなっていきました。

やがて売上げも利益率も急激に低迷し、先が見えなくなってしまいました。

そんな時です。「自分で商売を始めたい」と強く思ったのは。

ただ、資金もなく手に職もない私は、「何をしたらいいのか?」「何ができるのか?」「何から始めたらいいのか?」がまったくわからない状態でした。

しばらく考えたあげく、今までの経験や教訓にもとづき、私は次の3つの答にたどりつきました。

1　儲けよりも、低リスクであることを優先する
2　小資金で開業・運営できる商売を選ぶ
3　資格や特殊な技術が不要な商売を選ぶ

私はこれらの条件を満たす商売を探すことにしました。まず、販売量は少なくても確実に現金商売できる小売業に目をつけます。

次に、小資金で開業・運営するにはどうすればいいかを考えた末、「小さな店舗で少ない設備で1人で経営する」という結論に至りました。

花屋ならば特別な資格は必要ありません。こうして私が考えた3つの条件を満たす商売が見つかり、開業に踏み切ったのです。

私が花屋を開業し、経営を継続する中でわかったことがあります。それは「コツさえ知れば、誰でも他業種で、しかもたった1人で開業・経営できる」ということです。

これから、私が身につけたそのコツを、みなさまにご説明していきたいと思います。

1章

まずは
自分の気持ちを
しっかり持とう

SHOP 1

自分の存在価値を見つけたいなら起業しよう

いま世間で「ニート」と呼ばれる人たちが問題視されています。仕事も職探しもせずに家にいる無職の若者のことです。

なぜ、こういう人々が増えているのでしょう？　世の中が不況だからでしょうか。

私は違うと思います。今や、世の中にはモノが溢れ、なんでも手に入る時代です。人々のハングリー精神は薄れ、夢や希望を持たない若者が増えました。

また、なんとかやる気を出して会社員になっても、今では「終身雇用」や「年功序列」がなくなりつつあります。それに代わって実力主義の時代になったとは言え、会社はなかなか若者の能力を評価してはくれません。そのため、「会社は私を必要としていない」「私が辞めても会社は何の影響も受けない」と思うようになるわけです。これでは、身を入れて仕事をする気にはなれません。

私はこれらのことが「ニート」が増える大きな理由だと思っています。要するに、ハングリー精神に欠け、仕事を通じて「自分の存在価値」を見つけられないということです。「自分には無限の可能性がある」と思い、「自分は社会的に価値のある人間だ」「世間が自分を必要としている」と思える仕事に出会っていないから、自信や向上心、やる気や責任感が出てこないのだと思います。

では、どうすればそのように思える仕事に出会えるのでしょうか？ ただじっと待っているだけではダメです。と言って、やみくもに仕事を転々としてもダメです。

もし本当にやりがいのある仕事に出会いたければ、自ら商売を始めればよいのです。

ここでいう商売とは、フルコミッション（完全歩合制）の仕事をしたり、どこかのＦＣ（フランチャイズ）に加盟するといったことではありません。そのような仕事に就いても、結局は企業やＦＣの方針に振り回され、自分の個性を発揮することができず、やる気は起きないでしょう。

また、最近では「週末起業」や「情報起業」などが流行っていますが、本来、誰にでも片手間でできて、しかもノーリスクで儲かる商売なんてありません。厳しいことを言うようですが、商売というのは、大なり小なり自分の人生を賭けないと成立しないものなのです。

ですから、まずは本当の商売に出会いましょう。もっとはっきり言えば、「出会う」のではなく、自分の力で「作り出す」のです。どんな組織にも属さず、自らが不特定多数の顧客を持つことです。そこで初めて、仕事を通じて「自分の存在価値」を見つけられるのです。

SHOP 2

まずは自分を知ろう

もし、あなたの友人や知り合いが商売を始める、起業すると聞いたら、どう思いますか？「へぇー、すごいなぁ。でも自分には絶対無理だ」とか、「あいつは自分より勉強も仕事もできるし、愛想も人づき合いもいいから独立できるんだ」などと、相手を羨むと同時に自分と対比しませんか？

しかし、こうした対比は大きな間違いです。よほど特殊な技術や専門知識を必要とするビジネスでない限り、起業する人とあなたの技術・知識にはそれほど大きな差がないからです。同じレベルと言ってもいいでしょう。

厳しい言い方をすれば、自分が起業できないことを正当化するために、起業する人たちが勝る部分をあえて強調して、自分を納得させているだけなのです。

私は26才で今の生花店を開業しましたが、開業当時、他人と私に能力の差などまったくありませんでした。それどころか貯金はゼロ、コネやスポンサーもまったくなし、そして何より、生花店を開業するにあたっての業界のノウハウや技術はまったくありませんでした。

他人と同じレベルどころか、大きなマイナスを背負ってのスタートだったと言えます。それでも休業や廃業をすることなく、今では安定経営を実現していますから、起業できるかどうかは、個人の能力や資金や人脈とは関係ありません。

では何が必要なのか？　それは、まず「自分を知る」ことです。別の言い方をすれば、自分の「信念」と「人生の目標」を知るのです。「信念」とは私流に言えば、一時の思いつきや気持ちのノリではなく、長期的に持ち続ける「頑固な部分・こだわり」です。

特に「1人のお店」の場合、経営を継続するもしないも、自分の気持ちひとつで決まります。明日やめようと思えば、すぐにでもやめられます。だからこそ、頑固なこだわりを持って「○○屋」になりきることが大切です。

頑固さやこだわりというのは、初めは周りの人々にはなかなか共感してもらえませんが、長く続けているとしだいに共感を得て、多くのファンを作ることができます。そのファンこそが、顧客となり協力者となってくれるのです。

「人生の目標」とは、目先の小さな目標のことではなく、自分は最後にどうなりたいのか？　どんな自分になれたら納得がいくのか？　という人生のゴールを設定することでもあります。そして、それを実現するための手段であり過程として起業があるのです。

SHOP 3

「3つの忘れるべきこと」と「4つの忘れてはいけないこと」を知ろう

ひと口に労働者と言っても、いろいろなタイプがありますが、ここでは大きく公務員、（民間企業の）サラリーマン、自営業者の3つに分類して、それぞれ比べてみましょう。

まず、一般に公務員は社会的信用が高く、安定した給与と休日が確保され、労働時間にも余裕があります。また、よほどの理由がない限り、解雇されることはありません。

サラリーマンは企業の規模や体質によりかなり格差はありますが、大手企業なら公務員並みの安定した生活が保証されています。しかし、中小企業や個人商店で働くサラリーマンはそうはいきません。サービス残業やボーナスカット、ひどい時には毎月の給料が遅れたりもします。また、最近では、たとえ大手企業といえども、会社への貢献度が低かったり、ノルマが達成できないと強制解雇に近い状況に追い込まれることもあります。こうしてみると、サラリーマンは公務員に比べると不安定です。

では、自営業者はどうでしょうか？　法人で、しかもそれなりの資本力や売上げがないとなかなか信用してもらえないのが現状ではないでしょうか。わたしの知人に、夫が自営業者

■公務員・サラリーマン・自営業者の違い

	社会的信用	給与・保証	休日・労働時間
公務員	高い	安定	十分に確保
大手企業サラリーマン	高い	安定	十分に確保
中小企業サラリーマン	普通	少々不安定	少々不安定
自営業者	低い	まったくなし	まったくなし

（個人商店）で、妻が役所勤めの夫婦がいます。その夫婦がマンションを購入する際、銀行でローンを組もうとしたのですが、夫の名義では組めず、役所勤めの妻の名義ならすぐにローンが通りました。やはり自営業者は社会的信用が低いのだと痛感しました。

それだけではありません。当たり前ですが、自営業者には何の保証もありません。からだひとつです。もし病気や怪我でもしようものなら、その日から路頭に迷ってしまいます。そして自営業者は収入も不安定です。注文が取れていくら、モノが売れていくらの世界です。明日のことさえわかりません。

自営業というのはこれほどシビアで大変なことなのです。「そんなに大変なら起業するのはやめよう」という声が聞こえてきそうです。でも、心配いりません。これからお伝えすることを実践すれば、不安が解消し、やがてきっと大きな満足を得られるようになるはずです。

ここでは、次にあげる起業に際しての「3つの忘れるべきこと」と「4つの忘れてはいけないこと」を肝に銘じておいてください。

3つの忘れるべきこと

●給料、ボーナス（収入は人からもらうのではなく、自分で稼ぐものです）

●休日（自営業者に休みはありません）

●時間労働による収入（長い時間働いたからといって、時間に応じて収入が増えるとは限りません）

4つの忘れてはいけないこと

●利益を生む（または仕事をする）には必ず先に資金が必要（基本的に、先にモノを仕入れないと商売はできません）

●先のわからない、保証のないことをするのですから、何ごとも予定通り行かない（くよくよしていたら前には進みません）

●商売は孤独です。よい結果も悪い結果も自分1人で受け止めなければならない（損得はすべて自分に返ってきます）

●責任はすべて自分にある（他力本願は通用しません。責任転嫁もできません）

どれも厳しいことですが、これらのことをすべて受け止めれば、自営業者としての第一歩を踏み出せるでしょう。

SHOP 4

これが開店までの障害だ

店舗経営を始めようとすると、そこにさまざまな障害が立ちはだかります。

では、どんな障害があるのでしょうか?

まず最初に思いつくのは、資金の問題です。何を始めるにしても、ある程度のお金がなければ話になりません。自己資金がふんだんにあればよいのですが、そういうケースは稀で、おそらくほとんどの方は資金がないか、不足しているかのどちらかでしょう。

と言うのも、起業したいと思うタイミングは、たいてい資金以外の条件が整った時が多いからです。仮に資金があっても、肝心の商材や企画がなく、開業意欲もなければ、誰も起業しようとは思いません。そんなことをするよりも、預金や財テクに励むでしょう。そのほうがよほど利口です。

しかし資金がなくても、開業意欲があって商材や販売企画などが揃えば、人は借金してでも起業したいと思うものです。だからこそ、起業する際に資金の問題で悩むのです。

障害は資金だけではありません。経営者としての自信の有無も大きな問題です。起業すると、雇われていた時にはない、いろいろなプレッシャーが発生します。

たとえば、商品調達から販売までの商品管理ができるか、資金調達から集金、支払いまでの金銭管理ができるか、あるいは売上げ向上や仕入れ値を下げる努力、売上げ不振時の支払い、経費削減ができるかなど、いろいろなプレッシャーがかかりますが、決して他人をあてにはできません。すべて1人で乗り越えなくてはならないのです。

しかし本当のプレッシャーは、「これからこの商売で生活をしていけるのだろうか?」という先行きの不安ではないでしょうか?

こうした不安は自営業者にかかわらず、大なり小なり誰にでもあるでしょうが、自営業者にはこの不安が誰よりも大きくのしかかります。

こんなことを言うと、また「起業はしたいけど、自分には無理だ」という声が聞こえてきそうですが、心配はいりません。

資金の問題については4章で取り上げますし、2章と3章を読めば、経営者としての自信も得られるはずです。ここでは、起業する際には、多くの人が資金や自信の面で不安を感じるという事実を認識しておいてください。なにもあなただけが特別ではないのです。

SHOP 5 開業できない理由、廃業してしまう理由を知ろう

実際に起業する人とそうでない人との違いは何でしょうか？　細かな理由をあげればたくさんあるでしょうが、私は「実行力・行動力」の差だと思います。

そこには必要以上の理屈や計画性はありません。「いくら資金ができたら起業しよう」「もう少し技術を得て、人脈を作ってから起業しよう」。そんなことばかり考えていたらいつまでたっても起業できません。

起業する人は、夢を現実にする過程で少々の失敗や問題が発生しても、決して立ち止まりません。極端に言えば、開業の際に予算や予定が狂おうが、理想と違う店舗になろうが関係ないのです。起業する人たちは「起業すること」を最重要視しているからです。だから、結果的に起業できてしまうのです。

仮に起業したとしても、半年から1年ぐらいで閉店、廃業してしまう人は多いものです。

なぜ長続きせずに、すぐにやめてしまうのでしょうか。おそらく、多くの人が「売上げ不振」や「赤字」などを思い浮かべるのではないでしょうか。

それは、違います。売上げ不振や赤字でやめるのではなくて、不安や孤独に耐えられなくなってやめてしまうのです。1人で経営する場合、毎日単調な仕事が続くことも多く、不安や孤独に耐えられずに廃業してしまうのです。特に暇な日が続くと1人で考え込んでしまい、ついついマイナス思考に陥りやすいものです。

「1人商売」なので、誰にも理解してもらえないし相談もできません。何でも自分で解決しないといけないので落ち込むこともあります。

そこで、仕事を続けていくためには自分なりのストレス発散方法を持つ必要があります。私の場合、不安や孤独を感じた時は親しい友人達とぱーっと騒いで気分転換しています。

実は、仕事が長続きしない原因はもうひとつあります。それは「モチベーション（動機付け）の維持」です。「1人商売」には、会社や学校のように、上司や先生はいません。すべて「自己管理」が仕事の原動力になります。少しでも仕事にやる気が出なかったり、面倒くさがって手を抜いたりすると、すぐに売上げやクレームにはね返ってきます。

私が今まで見てきた典型的な悪い例は、開業時はいいのですが、3ヶ月も経つとモチベーションが維持できず、開店時間が1時間程遅れ始め、半年経つころには3時間、4時間遅れていくケースです。1年もすれば、もう2、3日ごとにしか営業しなくなります。そして、気がつけば知らぬ間にそのお店は閉店してしまっています。

こんなことにならないためにも、日々モチベーションを高めなければなりません。モチベーションを高めるちょっとおもしろい方法があります。それは借金です。一般に借金を抱えるのはよくないと言われますが、モチベーションを高めるにはもってこいの方法です。

私も起業当時に体験したので、身にしみてよくわかるのですが、借金返済というのはとてもパワーのいる作業です。元本と金利の合計を、数年かけて毎月支払い続けなくてはなりません。貸した側からすれば、相手の金銭事情など関係ないため、甘えは絶対に許されません。

商売をして借金を返済するには、次のステップを踏みます。①モノ（商品）を仕入れ、その商品を販売し利益を得る。②得た利益から店舗経費を支払う。③そこからさらに生活費を差し引いて、残ったお金で借金を返済する。

このように、なんと3回の支払い工程を経なくてはなりません。そのためには、心身ともにとても大きなパワーが必要なのです。

借金があると、毎月支払い期日が近づくたびに精神的なプレッシャーを受けます。時には定休日返上で働かなければなりません。しかし、こうしたプレッシャーがあることで、嫌でもモチベーションは高まります。当然のことながら、借金には危険がともなうため、すべての人におすすめはできませんが、いずれにしても、商売を始めるのも続けるのも、すべては自分の気持ちにかかっているということです。

SHOP 6

商売の大原則（理屈）を知ろう

これまで、自営業の厳しさや難しさなどについて述べてきましたが、私は商売には大原則があると思っています。

それは、「飽きない」こと――「商い」をするには、仕事に「飽きない」ことが必要です。どんなに繁盛している商売でも、自分が飽きてしまってはどうしようもありません。逆に言えば、商売を続けていくには、まず自分が飽きないようにすればいいのです。

商売に飽きないようにするためには、私は「3つのツボ」があると考えています。

第一のツボは、自分が納得できる利益を取れていることです。満足に利益が取れないと、どうしても嫌気がさすものです。

世の中には数えきれないほどいろんな商売がありますが、無理に薄利多売に走ると、やがてやる気が失せていくものです。逆にきちんと利益が確保されていれば、楽しくてやりがいも出るし、もっと売りたいと思うはずです。正直な話、利益がキッチリ取れている商品を提供していれば、少々嫌なお客様を相手にしても笑顔で接客できるものなのです。

第二のツボは、周りの人々（お客様や仕入れ先など）に感謝されることです。商売を継続していくには、やる気や使命感、充実感が必要となってきます。それらは、相手から感謝されて初めて感じるものです。

いくら「利益」を追求しても、それだけでは自己満足にすぎません。商売は1人では絶対にできません。仕入れ先があるからモノを調達できるし、お客様がいるからモノが売れ、利益を得て生活できるのです。周囲から感謝されるには、まず自分が感謝の気持ちを持たなければなりません。感謝の気持ちが誠実な商売につながり、やがて相手も感謝してくれるようになるのです。

以前、こんなことがありました。私のお店へ来られるある老紳士のお客様がある日、知人の誕生日にお花を贈りたいと言いました。花を送るのは面倒ですが、私はその注文をこころよく引き受けました。すると後日、その老紳士から私宛てに手紙が届きました。内容は、お花を受け取った方から感謝とお礼の連絡があったとのことでした。老紳士は、私に感謝の気持ちを伝えたくて手紙をお書きになったのです。たわいのないことのように感じるかもしれませんが、私はとても嬉しくなりました。同時にやる気と充実感に満たされました。この時、商売ってモノを売り買いするだけじゃなく、みんなの気持ちも豊かにするんだなぁと痛感し、商売というのは、感謝し感謝されないとダメなんだと強く感じました。

「飽きない」ための３つのツボ

① 十分な利益が取れていること

② 周りの人々から感謝されていること

③ 自分の商売に「愛情」を持つこと

第三のツボは、自分の商売に「情」を持つことです。自分が始めた商売というのは、自分の子供と同じような存在ですから、親が子供に愛情をそそぐように、自分の商売にも愛情を持つことが大切です。

店舗経営は営業時間中だけが仕事ではありません。私の場合、夜が明ける前から市場へ仕入れに行き、店を閉めてから配達へ回ることもしばしばです。この注文は儲からないからやりたくないとか、あの客は偉そうだから接客したくないなどと言っていられません。自分の子供に、「今日は面倒だから食事は与えない」などと言えないのと同じです。商売をする上では「利益」や「感謝」は大事です。でも、それだけでは成り立ちません。そこには、どうしても自分の商売を「育てていく」という気持ちが必要です。

これらのツボをおさえた上で、「１人のお店」開業のポイントを見ていきましょう。

2章

ゼロから始めて1人で経営するためのツボ

SHOP 1

業種にこだわってはいけない
——過去の経験や得意分野にとらわれるな

開業すると言っても、未経験の業種で新規に参入するというのはなかなかできないものです。特に職人と呼ばれる人は、自分の持っている技術に依存してしまいがちです。

しかし、業種の選定を間違えると、どんなに努力してもよい結果にはつながりません。自分の技術を生かせれば、それにこしたことはありませんが、それよりも開業する際に大切なことは、自分の技術を生かすことではなくて、効率よく利益をあげられる業種を選ぶことです。この点を間違えると、どんなに努力しても、よい結果は得られません。

今、世の中にはモノが溢れ、簡単には売れない時代ですが、業種によってはまだまだ採算の取れる分野があります。

たとえば、テレビや冷蔵庫など大手メーカーが作った製品は、どの店で買っても大差ありません。仕入れ値も売り値も他店とほとんど同じなので、販売数を増やさないと利益を出すのは難しいでしょう。

しかし、たこ焼きやラーメンなどの場合、その店でしか食べられないモノを作ればお客さんにアピールできます。売り値も自分で決められるので、それほど販売数を伸ばさなくても利益を出すことができます。

このように、業種によっては、比較的楽に利益をあげることができます。仮に利益をあげるのが厳しい業種であっても、経営のスタイルを変えることによって採算が取れることもあります。

たとえば、客席の揃った飲食店を開くとなると、かなりのコストがかかりますが、テイクアウトをメインに販売すれば、小さな店舗でなおかつ1人で運営できるので、経費もかからず高収益が得られます。

開業を考える際には、つい過去の経験や人脈に頼ってしまいがちですが、それに縛られて業種の選定を誤ると失敗します。業種の選定によって成功するか失敗するかが決まると言っても過言ではありません。ですから、業種の選定は、じっくり冷静に行なう必要があります。

では、業種を選ぶ際には、どのような点に注意すればよいのでしょうか。次に、この点について見てみましょう。

SHOP 2

業種を選定するには、この点を考えよう

ここでは、業種を選定する上で注意すべき点を整理します。

①好きでもなく、嫌いでもない業種を探す

「好きこそモノの上手なれ」と言いますが、好きなことにこだわると、なかなか冷静な判断ができません。とは言え、嫌いなことは長続きしませんから、「好きでもなく、嫌いでもない」業種を選ぶことをおすすめします。その際には、それまで知らなかった分野を視野に入れてみるのもよいでしょう。未知の業種であっても、調査・研究をするうちに、今までにない新しく合理的な商売方法が見つかることもあるからです。

②大きな資金や設備を必要としない業種を探す

どんな事業を興すにもリスクはつきものです。特に多額の投資を必要とする事業はなおさらです。このため、まずはリスクを最小限に抑えるために、低コストで開業できる商売を探

すことをおすすめします。先にあげたテイクアウトの飲食店などはその典型的な例と言えるでしょう。

また、工夫しだいで低コストで開業することも可能です。たとえば、一般の飲食店の場合、開業するには敷金、内装、厨房機器、運転資金など、最低でも1000万円近くの資金を必要としますが、これではリスクが大きすぎます。

しかし、工夫しだいで格段に安くあげることも可能です。たとえば、「居抜きの物件」を見つけることです。要するに、前のオーナーの設備一式をそのまま使うということですが、店内を独自に色どるだけでオリジナルのお店ができ上がります。

実は、私もこの方法で今の生花店を立ち上げましたし、また、私が開業のアドバイスをした「立ち呑み屋」も、以前はショットバーだった店を居抜きで利用し、私と同様に格安で開業し、成功しています。

そのほかには、中古の設備を揃えて開業するという方法もあります。業務用の冷蔵庫などは新品で購入するとかなり高価ですが、中古となると半値近くで買えます。今では中古機器の大型専門店も多く、品揃え・保証・サービスも充実しています。

このように、業種を選ぶ際には、あまりコストのかからない業種を視野に入れたり、コストを抑える工夫をすることです。

開業のアドバイスをした立ち呑み屋

■大阪の洋食店の1日のスケジュール

8	9	10	11	12	13	14	15	16	17	18	19	20	21時
	～買出し～					～買出し～							
	～仕込み～					～仕込み～							
				←営業→					←営業→				

これに対し、もともとあまり設備のいらない業種を探すという手もあります。私が経営している生花店も多くの設備を必要としません。極端な話、バケツと水さえあれば商売になります。こうしたシンプルな商売なら、リスクを最小限に抑えることができます。

▼③仕入・加工・販売を1人でできる業種を探す

経費の中で一番ウエイトを占めるのは人件費ですから、開業を考える際には、まずは1人で運営できる業種を選んだり、1人で営業できるスタイルを確立しましょう。要するに、「仕入れ→加工→販売」の一連の仕事を1人でできるようにするということです。

そのためには、仕入れ・加工・販売にタイムラグ（時間のズレ）を作ることが大切です。

私の知っている大阪の洋食店は、おいしくて有名な店ですが、座席はわずか6～7席しかありません。しかも、午前11時から午後1時までと、午後5時から午後7時までのたった計4時間しか営業していません。実は、それ以外の時間は、買出しと仕込みに当てているのです。

それでもお客様は、短い営業時間に合わせて来店してくれます。

この洋食店は、小さな店を効率よく使い、タイムラグを見事に使って仕事の流れを作っているると言えるでしょう。

いずれにしても、このような営業スタイルであれば、1人でも十分に運営できます。

▼④お店の個性（カラー）を出せる業種を探す

顧客を獲得するには、他店との差別化は絶対に必要です。要するに、自分のお店にしかない何かを前面に出すということですが、開業を考える際には、お店のカラーを出しやすい業種を選ぶとよいでしょう。

私は生花店を経営していますが、私が生花店を選んだ理由のひとつは、お店の個性（カラー）を出しやすいと考えたからです。

実は当店の周辺は、多数の同業者がひしめく激戦地区です。商店街の中にあるとは言え、駅から離れていて、どちらかと言うと裏路地的な場所です。「なぜ、そんな悪条件で、しかも競争の激しい生花店を選んだのか？」と疑問に感じる方も多いはずです。

しかし、こんな悪条件でも経営は安定しています。遠く離れたところからわざわざ来店してくれるお客さんも大勢います。

菊中心に品揃えしている著者のお店

なぜでしょうか?

それは私のお店が独自のカラーを打ち出しているからです。

開業するに当たって、私はまず近辺の様子を調べました。その結果、近隣には旧家が多く、必ずと言っていいほど仏壇と神棚が祀ってあることがわかりました。と言うことは「仏花」と「榊」の需要がかなりあるということです。

ところが意外なことに、周辺の生花店ではそれらを主力商品としていなかったのです。

単価の低い仏花や榊より、花束やアレンジメントのほうがてっとり早く儲かります。しかし、私はお店のカラーを打ち出すために、あえて、「仏花」や「榊」

を主力商品としました。

また、生花店のほとんどが「切り花」と「鉢花」の両方を売っていますが、私のお店では「切り花」しか扱っていません。そのかわり、仕入れを工夫するなどして切り花の鮮度を高めるとともに、種類を増やしたり、他店にはない少しマイナーな商品を置きました。

これによって、「切り花専門店で鮮度がよく、品数豊富で他店にない商品もあるお店」という個性を出すことに成功し、多くのファン（顧客）を作ることができたのです。

小さなお店で成功するには、決して「八方美人のお店」になってはいけません。そんなお店は大手企業の大型店に任せればいいのです。

SHOP 3 バカ売れする商品はないと思え

「開業したらバカ売れしたい」と誰もが思うはずです。事実、いつの時代もバカ売れする商品というのはあるものです。

しかし、それを私たちが取り扱い、継続して販売できるかと言うと、残念ながら困難な場合が多いのです。

その理由は、そんな魅力的な商品はたいてい大手企業が独占して販売していたり、ロイヤリティー（販売権）取得して、第三者が販売できなくなっていることが多いからです。仮にその商品の販売が可能になったとしても、利益率はよくありません。メーカーや販売元が強気の商売をするからです。

そうなると、利益を確保するには、販売数量で勝負しなければならないので、仕入れ額が増え、資金の負担とリスクが増えてしまいます。そして何より、販売数量が増えると手間と時間を要し、1人での販売が難しくなります。

このため、私たちは一般的にある当たり前の商品を当たり前の価格・品質で販売する方法を選択しなければなりません。

このように言うと、「ごく普通のことをするだけでいいのか？」と思われるかもしれませんが、「普通のことをする」というのは、口で言うほど簡単ではありません。

今の時代はモノが溢れているため、消費者の見る目も肥えて厳しくなり、多様化しています。そのため、「ごく一般的で当たり前」のレベルも非常に高くなっています。

携帯電話を例に取ってみましょう。10年ほど前、携帯電話が普及し始めたころは「電話を外へ自由に持ち歩ける」という機能に消費者は魅力を感じていました。

しかし、携帯電話が普及した現在では、単に外へ持ち歩けるだけでは消費者は魅力を感じなくなりました。メールやカメラ、インターネットはもちろんのこと、今ではテレビを見られる機能まで付加されているからです。

こういうふうに、「一般的で当たり前のこと」はどんどん進化しています。ひと昔前まで売れていたものが、今では売れなくなるのはそのためです。決して、景気が悪くなったせいではありません。

消費者の満足度の質は日々向上していると言えるため、「ごく一般的で当たり前」のレベルを甘く見ていると必ず失敗します。

「材料費を削るため、少しくらい品質を落としてもお客にはわからないだろう」

「手間を省くため、この工程をなくしてもわからないだろう」

こうした安易な考えは、初めのうちはバレませんが、それが続くとすぐに見破られてしまいます。「最近、ここのお店の味は落ちたなぁ」といった具合です。

そうなると、もう二度とお客様はその店に足を運ぶことはありません。そして悪い噂はすぐに広まり、他のお客様にも波及していきます。

逆に、この「ごく一般的で当たり前」をいつも徹底していると、「あそこのお店はいつも新鮮な魚料理を出してくれる」とか、「ここのビールはいつもおいしいね」とよい評判を呼び、商売繁盛につながるのです。

「なんだ、そんなことなら私にもできる」と言われそうですが、たしかに初めのうちは誰でもできるかもしれません。

しかし、その品質・サービスのレベルを何ヶ月、何年も維持し、向上させることは非常に難しいものです。

SHOP 4

売上げアップより経費ダウンを考えよう

本来、ビジネスというものは、必ず売上げが向上して右肩上がりに成長しなければなりません。商売を続けていく上で、売上げ向上はとても重要なことです。

このことは多くの方が感じているのではないでしょうか。私もついこの間まではそう思っていました。いつも売上げを気にし、前年の実績と比べてばかりいました。

しかし、今は違います。売上げが伸びるに越したことはありませんが、「1人のお店」では売上げの向上そのものはあまり重要ではありません。はっきり言えば、売上げが少なくても、しっかり利益が得られればよいのです。

開業当時、私は商売のコツがつかめず、自信もなかったので1年を通してほとんど休まず、朝から晩まで働いていました。日々の営業時間も延長し、定休日もできるだけ営業しました。また、寄せられた注文はすべて受け入れるように徹底しました。こうした努力が実を結び、売上げは向上し、安心感にもつながりました。

しかし、心身ともに過酷なわりには、借金返済と諸々の経費の増加で、ほとんど利益は出せずにいたのです。

こうしてして5年が経ち、借金返済も終わり商売のコツも理解してきたころ、安心感からか、仕事に熱が入らない時期が約1年くらい続きました。

そして営業時間を元に戻し、定休日はしっかり休むようになりました。また、手間のかかる注文（利益が少なく、経費のかかる注文）は断り、在庫も定番商品を中心に商品数を絞り込みました。さらに、お客様への配達も大口注文以外はせず、来店客中心の販売に切り替えました。その結果、その年の売上げは前年の三分の二まで落ち込んでしまいました。

しかし、不思議なことにお金は前年よりスムーズに回転していました。それまで無理やり売上げを獲得するために発生していた余計な仕入れや経費がなくなり、営業時間の短縮と定休日を設定することで水道光熱費も削減されたからです。さらに借金返済もなくなったので、売上げの落ち込み以上に支払いが減り、利益を大きく伸ばしました。

無駄を省いたスリムな経営が実現し、支払いも楽になりましたが、それ以上に心身の負担が軽減され、自分のペースで仕事ができるようになったことは大きな収穫でした。

つまり、「1人のお店」の場合、決して売上げだけを伸ばすことがベストではありません。それよりも、どれだけ効率よく、より少ない仕入れと経費で売上げを獲得するかを考えるほうが得策なのです。

SHOP 5

これが1人経営の強みだ

「1人経営」の強みは、なんと言っても従業員の人件費がかからないことです。実際のところ、一般的に小規模店舗での売上げは、想像するほど高くはありません。少ない売上げの中からできるだけ利益を出すには、経費のウエイトを減らさなければなりません。

経費の中でも最大のウエイトを占めるのは人件費ですから、利益を捻出するためには、人件費をなくさないといけないのです。

仮にアルバイトを1人雇ったとします。時給800円、1日8時間勤務で1ヶ月（20日間）働いてもらうとすると、「800円×8時間×20日間＝12万8000円」が1ヶ月あたりの人件費となります。

これをなくすことによって、12万8000円はまるまる自分の報酬になるわけです。

とは言え、人を雇わなかったことによって生じる販売の機会損失も発生します。

たとえば、一度に来客があり、全員と接客できず、何人かのお客様が帰ってしまうこともあるはずです。これが機会損失ですが、人を雇わないと、こうした損失はまぬがれません。

■アルバイトを1人雇った場合の人件費

800円(時給)×8時間／日×20日間／月＝12万8,000円 (1人あたりの1ヶ月の人件費)

これを支払うためには、粗利が売値の50%ある商材を販売した場合
12万8,000円÷50%＝25万6,000円(売上げ)が必要

粗利が売値の50%ある商材を販売するなら、12万8000円分の人件費を得るには、なんと25万6000円も売らなくてはなりません。

ということは、機会損失の売上げ額がこの額を上回らない限り、人を雇わないほうがプラスなのです。

人を雇うことによって発生する費用は人件費だけではありません。交通費や備品代なども発生します。こうした費用も加算しなければなりません。

店舗販売の場合、よほど顔が広くて販売トークが上手なやり手の販売員でない限り、直接一個人の力のみで売上げが大きく伸びることはほとんどありません。このことを考えあわせると、やはり人を雇わずに「1人経営」に徹するべきです。

人に関わる問題はお金だけではありません。気も遣います。「暇だから休んでもらいたい」「忙しいので残業してほしい」と思っても、気を遣ってなかなか言い出せないものです。

また、「1人のお店」の場合、自分の思う通りに仕事ができます

が、そこへ他人が入ると何かと気を遣い、うまくいかないことも多々起こります。

自分がやれば早くて確実に終わる作業も、他人に教えながらだと時間がいくらあっても足りません。

一度仕事に馴れてもらえば、次から同じ作業を依頼するのは非常に楽でいいのですが、はたしてその人が長期に渡って勤務し続けてくれるとは限りません。ひと通り教え終わったころにもしやめられたら、次の人にまた一から教えなければなりません。

決して人を疑いたくはありませんが、現金商売の場合、実際に現金を手に取って扱う機会が多いので、商品在庫も含めて盗難や紛失にも気をつけないといけないというのが現実です。

このように、他人を雇うと経営上も心身もともにかなりの負担になります。

このため、繰り返しますが、金銭の面でも人間関係の面でも、やはり「1人経営」を実践するほうがスムーズにことは進むのです。

SHOP 6

モノが売れないのは、立地のせいではない

店舗経営を大きく左右する条件のひとつに「立地」があります。単純に、まったく同じ商品を同じ価格で販売した場合、よりよい立地で販売したほうが多く売れるはずです。ここで言う「よい立地」とは、人が多く集まる場所のことです。路地裏よりも表通り、田んぼの真ん中よりも駅前のほうがよい立地と言えます。

では、本当に好立地が店舗経営上、有利になるのでしょうか？　もしそれが本当なら、駅前の一等地で営業している店舗はすべて繁盛して、閉店などするはずがありません。

しかし、現実はそうではありません。それどころか、好立地の店ほどオーナーの出入りが激しかったりします。

なぜでしょうか？　いろいろな理由があるでしょうが、まず考えられる大きな原因のひとつは、「敷金と家賃が高い」ことです。私の地元の奈良でさえ、未だに駅前で店舗を借りるとなると、敷金1000万円で、家賃も1坪あたり月に2万円以上もします。

敷金と家賃が高ければ開業時の投資額は多くなり、月々の固定経費も上昇します。

そのために、経営者はより多くの売上げを必要とし、販売量を増やそうとします。それに比例して、経費・人件費・仕入れ費用がふくらみ、結果、多額の運転資金を動かさなければならないため、売上げが少し落ち込むと、あっという間に閉店に追い込まれるのです。

好立地の店が閉店に追い込まれる2つ目の原因に、「近隣他店との販売競争」があります。

当然ですが、人通りの少ない立地で店舗を構えるより、人通りが多い一等地で構えるほうが客数は多くなります。すると、経営者はその特性を生かして、より多く売ることを第一に考える経営スタイルを取ります。そのためには、以下の点に着目しないといけません。

▼①マニアックな商品をメインにしてはいけない

マニアックな商品というのはもともと需要が小さいので、立地がどんなによくても販売量は伸びません。逆にマニアックな商品は希少価値を演出するために路地裏的な場所で販売したほうが反響を得られたりします。

このため、立地条件のよいところでは、誰もが日々必要とする身近な商品をメインに販売しなくてはなりません。

▼②他店よりも1円でも安く販売しなくてはならない

一等地で店舗を構えると、どんなに小さなことでも反響を呼びます。特に値段に関してはそうです。「○○はこっちの店のほうが安い」などとすぐに噂されるため、確実によい評判を得るには、まず同じ商品を他店よりも1円でも安く売ることが第一条件となります。

▼③品揃えでも他店に負けてはいけない

品揃えにも気を配らなくてはなりません。消費者は値段や品質に大差がなければ、買い物は一箇所ですませたいものです。このため、どんなに他店より安く売っていても、品揃えが悪いと売上げは上がりませんし、お客様に飽きられてしまいます。「安売りスーパー」や「ドラッグストア」など、品揃えの豊富な店が駅前に乱立しているのは、そのためです。

私たちが①〜③のような販売スタイルを真似することは避けるべきです。多額の投資と大きなリスクを背負うことになるからです。

では、立地に関係なく繁盛店を目指すにはどうしたらよいのでしょうか？

答えは簡単、それは誰よりも「目立つ」ようにすればいいのです。もちろん、よいイメージで目立つことです。

たとえば、「あそこのお店は安い」とか「おいしい」といった具合です。実は、この程度のイメージ作りは比較的簡単ですが、今の消費者はとても贅沢です。よほどずば抜けていない限り、ひとつのよいイメージだけではなかなか目立たず、興味も持ってもらえないため、私たちがオンリーワンで目立つには、複数のよいイメージをアピールしないといけません。「あそこのお店は安い」とか「おいしい」だけでなく、「安くておいしくてボリュームがある」とか、「おしゃれで質がよくてサービスがいい」といったことです。

このように、複数のイメージをアピールすることで、立地が悪くても同業他店と同じ土俵で勝負ができ、しかも勝利することができます。

一方、他店とまったく違うイメージを打ち出して目立つこともできます。その典型が「マクドナルド」と「モスバーガー」です。マクドナルドは、値段の安さと映画などのキャラクターとのタイアップにより、低年齢層を中心にファミリー客を狙った戦略を取っていますが、モスバーガーは値段は高めで、高品質とヘルシーさにこだわり、それに合った客層を狙っています。

同じ商材であるハンバーガーでも、まったく違った戦略で、双方経営が成り立っているのですから、もし近くに同業種のお店があれば、それとはまったく違うスタイルで勝負してもいいのです。

いずれにしても、私たちはまずなにか目立つものを打ち出し、よい評判を得られるような戦略を計画し、家賃の安い二等地・三等地に店舗を構えればいいのです。

SHOP 7

「たまたまショップ」よりも「わざわざショップ」になろう

世の中には「たまたまショップ」が溢れ返っています。「たまたまショップ」とは、たまたまお店の近くを通ったお客様が購入するような店舗です。要は、大型店やコンビニで手に入る商品ばかりを売っていたり、ファミリーレストランやチェーン展開しているお店で食べられる料理を出しているということです。

コンビニなどのたまたまショップの場合、開業時は売上げが順調で安定していても、近くに別の店が開業してしまうと、その日からたちまち売上げが落ちるケースがあります。

聞くところによると、コンビニは1日の売上げが最低50万円はないと採算が取れないそうです。そうなると単純に計算して、1日の売上げが100万円あったとしても、同じ商圏に別のコンビニが出店すれば、売上げは50万円に減ってしまうわけです。さらにもう2店舗別のコンビニが出店すれば売上げは25万円になってしまいます。

こうなると、採算が合わず赤字経営になってしまい、体力（資金力）のないコンビニから順次閉店に追い込まれます。頻繁にコンビニが出店したり撤退しているのはこのためです。

結局、コンビニのような「たまたまショップ」を経営してしまうと、固定客がつかないので、ちょっとした環境の変化で売上げが左右され、経営がとても不安定になります。コンビニを見ればわかるように、私たちは絶対に「たまたまショップ」を経営してはいけません。

ではどうしたらよいのでしょうか？　それは「わざわざショップ」を目指せばいいのです。「ここにしかない商品」「ここでしか味わえない料理」などを提供するということで、要は「オンリーワン」のお店を作るということです。

「わざわざショップ」には次のようなメリットがあります。

▼①小資本でも大手の大型店舗に対抗でき、逆に味方につけることもできる

どこでもあるようなモノしか売っていないと、大型店舗がお店の近くに出店した場合、たちまち売上げはダウンしてしまいます。大型店舗と対抗しようとしても、資本力や知名度などでまず勝ち目はありません。

しかし、あなたのお店がもし「オンリーワン」だったら結果は逆転するでしょう。その理由は、近くにもし影響力のある大型店ができれば、人の流れが変わってくるからです。たとえば、裏通りだったところに大型店ができると、そこに人が集まって表通りに変わることが

あります。

これが、もし「たまたまショップ」だったら、大型店と商品がダブり、売上げが下がってしまいますが、オンリーワンの「わざわざショップ」なら大型店と商品がダブることがないので、売上げに影響がないどころか、人通りが増えた分、売上げアップにつながるのです。

▼②安定した利益が取れるようになる

「わざわざショップ」では、そこにしかないモノやサービスを売っているため、基本的に競争相手がいません。仮にいたとしても、その数は少ないはずです。ですから、売り手主導の価格設定が可能になって、安定した利益が取れます。

▼③たとえ悪い立地でも集客が期待できる

限定商品やオリジナル商品などの希少価値のあるものには、誰でも興味を引かれるものです。ましてやそのお店が裏通りにあると、さらに興味を引き、他人に教えたくもなります。それが強いインパクトのある噂になり、「口コミ効果」となって表われます。このため、「口コミ効果」を促すような商材・サービス・企画さえあれば、たとえ悪い立地でも集客が十分に期待できるのです。

SHOP 8

立地に合った商売をしよう

これまで述べてきたように、店舗経営は必ずしもよい立地のほうが有利とは限りません。しかし、立地を気にせず、どこでもいいからできるだけ家賃の安いところへ出店すればいいというわけでもありません。このことはみなさんおわかりだと思います。

では、どういう点に気をつければよいのでしょう？　それは、どんな商売をするにしても、必ず人の流れと動きを的確に把握することです。

このことをわかりやすく、「魚釣り」にたとえてみましょう。

当たり前のことですが、釣りをする最大の目的は「魚を釣る」ことです。しかし、人によってその内容は違ってきます。

ある人は、できるだけ多くの魚を釣ることを第一に考えます。これは商売で言う「客数」にあたります。ある人は、できるだけ大きい魚を釣ることを第一に考えます。これは商売で言う「客単価」にあたります。またある人は特定の魚のみを釣ることを第一に考えます。これは商売で言う「客層・客質」にあたります。

では、これらの釣り人たちが、同じ場所で釣りをする場合、何に違いが出るのでしょうか？

それは、「道具」「仕掛け」「餌」「釣りをする時間帯」です。

「道具」は商売における店舗そのものです。竿やリールがあるから釣りができるように、店舗があるから店頭販売という商売ができるのです。

「仕掛け」は商売における店のテーマ、すなわちコンセプトです。白を基調にした明るいお店、ライトを少し落としたシックでモダンなお店、木を使った温かい感じのお店など、そのお店の雰囲気や印象を決める重要な部分です。

たとえまったく同じ商品を販売していても、お店の雰囲気と印象で、売れ方も客質もまったく変わってしまうことがあります。釣りにたとえるなら、同じ道具を使っていても、仕掛けが違うと釣れなかったり、時には違う魚が釣れてしまうようなものです。

「餌」は商売でいう商材にあたります。極端な話、サツマイモで鮒や鯉は釣れても、鯛やマグロは釣れません。この「餌」を決めることにより、釣れる魚も決まるのです。

これを商売に置き換えれば、「餌」にあたる商材を、私のように生花にすると「花屋」になるし、カバンを商材にすれば「カバン屋」となるわけです。

「釣りをする時間帯」は、商売で言う営業時間にあたります。営業時間とは、何時間営業するかという時間の〝長さ〟のことではなく、たとえば「ＡＭ９：00からＰＭ７：00まで」という〝営業時間帯〟のことを指します。

基本的に魚は明け方によく釣れることが多いので、当然釣り人はその時間帯を狙って釣りをしますが、商売では業種によって営業時間帯は違ってきます。

日用品などは朝から夕方までの時間帯を狙うでしょうし、居酒屋やスナックなどは夕方から深夜の営業時間帯になるといった具合です。もし、営業時間帯が業種にマッチしないと、ほかの条件がどんなによくてもモノは売れません。

以上のことからわかるように、商売をする際に大切なのは、立地をよく調べた上で、自分が狙ったお客様を「道具」「仕掛け」「餌」「釣りをする時間帯」を駆使して引き寄せることなのです。そうすることによって立地のよし悪しに関係なく、最高の釣り（商売）が楽しめます。

SHOP 9 なぜ店舗販売なのか？

まず始めに、私がなぜ「店舗を構えて販売する」ことをすすめるのか説明しましょう。

①店舗を持つことによって多くの人から信用を得られやすくなる

他人にモノを販売するということは、とても大変なことです。人は信用できない相手からは絶対にモノを買ったり、サービスを受けたりはしないからです。と言うことは、信用してもらえれば、人にモノを売ったり、サービスを提供しやすくなるわけです。

では、どうすれば信用してもらえるのでしょうか？　まずは人間として当たり前の行動をとることです。正直で必ず約束を守り、人の悪口を言わない人には心を許し、信用するのではないでしょうか？　本物の商品を正直に販売する。受けた注文（約束）は確実に守る。この当たり前のことが人（お客様）の心をつかんで、信用につながり、やがてリピート客・固定客になっていくのです。

とは言え、誠実な商売をしていても、多くの人にそれを認知してもらわないと、何も始まりません。要は、誠実な商売をアピールできる「場」が必要なのです。それが「店舗」です。店舗を構えると、多くの人に見られるようになります。「雰囲気のよさそうなお店だな」「私の好みの商品を売っているな」「おいしそうな料理がありそうだ」といった具合に、人々は決して口に出しては言いませんが、頭の中でそのお店の評価をしています。そして、「次の機会に利用しよう」とか、「友人に教えてあげよう」と考えるわけです。

②お客様に「安心」と「納得」を与えやすい

お客様がモノを買ったり、サービスを受けたりする時は必ず「安心」と「納得」を求めます。たとえどんなに安くても、「安心」と「納得」が自分の期待より低いと買ってはくれません。実は、お客様に「安心」と「納得」を与えられる絶好の場が店舗なのです。

インターネットの普及にともない、今ではさまざまな商品情報が手に入りますし、ネットで購入することもできます。しかし、ネット購入が年々増えているとは言え、やはりどんな商品でもネット上のバーチャル店よりも実店舗のほうが「安心」と「納得」を与える度合は大きいものです。バーチャル店は店舗も商品も店員も見えないため、よほど相手を信用しないと買ってもらえません。これに対し、店舗販売では現物を手に取ったり触ったりでき、プロの店員から説明もしてもらえることがお客様の「安心」と「納得」を生むのです。

③お客様のほうからわざわざ買いに来てくれる

足で稼ぐ訪問販売の場合、1日に訪問する件数には限りがあります。訪問販売では、基本的にはターゲットを絞らずやみくもに営業をかけるので、なかなか売上げにつながりません。運よく注文が取れればいいのですが、取れなければ売上げはゼロです。

また、まったく買う気のない人を相手にするので、かなりのパワーが必要で、しかも常にお客様優位の関係となります。

これに対し、店舗販売の場合は商圏こそ限定されてしまいますが、来店客数に限界はありません。来店したお客様は少なからず購買意欲があり、商品やサービスに興味を持っているため、その人たちを買う気にさせるには訪問販売ほどのパワーはいりません。100件訪問して100人のお客様と商談するよりも、来店した100人のお客様を相手にするほうが、少ない人手と労力で販売につながりやすいのです。

また、お客様は来店することによって、「商品を買いたい・サービスを受けたい」欲のボルテージが最大になるため、「売ってくれてありがとう」という感謝の心が芽生えます。こうしてお客様上位の関係も薄まり、こちらに有利な販売も比較的容易にできます。

店舗販売はあまり人手とパワーを必要としないので、1人でも十分運営できるのです。

SHOP 10

小さな店舗はメリットがいっぱい

100坪以上の大型店を何店舗も経営している社長も、10坪未満の小さなお店を1店舗だけ経営している人も、同じ経営者に変わりはありません。どんなにビジネスの規模が違っても、モノを売って利益を上げ、それによって生活を支えているのです。

しかし、これから1人で店舗経営を始める方々が、いきなり規模の大きいビジネスを始めることはできません。また、その人の価値観にもよりますが、私は規模の拡大だけを目指して起業する必要性もないように思います。

大きいビジネスを展開して成功すると、それに見合った莫大な富が手に入る可能性もありますが、それ以上の精神的なプレッシャーとストレスがともないます。規模が大きくなると、それに比例して経費や仕入れも大きくなります。莫大な売上げを得るには、それにともなう莫大な支払いが待っているのです。

大きいビジネスになると、日々の仕事の量が増え、質も高度になり、責任の大きさははかりしれませんので、よほどの知恵と度胸があって、人間的に大きな器でなければつとまりません。自分の身の丈に合った小さなビジネスから始めるほうが現実的で賢明です。
では、小さな店舗にはどのようなメリットがあるのでしょうか。主なメリットは次のとおりです。

①店頭在庫が少なくすむ（在庫リスクが少ない）

店頭在庫というのは、売れるか売れないかわからないため、できる限り持ちたくないものですが、これがないと外から見て何屋なのかわかりませんし、現物の商品がないとお客様から信用されません。また、日々の急な注文にも対応できませんし、衝動買い的な売上げも立ちません。

売れるかどうかわからない在庫を抱えるのは、とてもリスクの高い行為です。過大な在庫は慢性的な赤字を生み、経営危機に陥ることもあることから、店頭在庫を最小限に抑える必要があるわけですが、それには小さな店舗で運営することが望ましいのです。

②在庫が少なくても、店のカラーを出しやすい

同じ商品点数でもお店の大きさによってボリューム感は違って見えます。私たちのような小さい規模のお店では、商品アイテムを絞り込んでも店頭在庫を抑えながらボリューム感を

出すことができます。これによって、お店のカラーを演出することもできます。

ホームセンターは「なんでも揃えていること」がお店のカラーですが、同じことを私たちが行なうと、「何を揃えたいのかわからない」お店になってしまいます。したがって、お店のカラーを出すためにも、商品アイテムをできるだけ絞り込むべきです。それには小さな店舗のほうが適しているのです。

▼③商品ロスが減り、管理しやすい

商売は数学のように「1＋1＝2」となるわけではありません。店舗の売り場面積や商品数が2倍になったからと言って、売上げが2倍になるとは限らないのです。もし商品を2倍仕入れても、売上げが2倍にならなかったら、その差はすべて商品ロスです。

しかし、小さな店舗なら商品ロスの心配はあまりありません。少ロット・少アイテムなら、商品ロスが減り、管理しやすいからです。少ロット（単位）でアイテムを絞っても十分個性的なお店作りはできるものです。

▼④専門店化しやすい

小さな店舗が大型店やライバル店に勝つには、魅力のあるお店作りが必須です。

その際には、こだわりを持って統一した商品群で〝専門店化〟して勝負すべきです。小さな店舗はこうしたやり方に適しています。また、小さな店舗のほうが、お客様にイメージを伝えやすいものです。

⑤家賃が安い

当然のことながら、大きな店舗より小さな店舗のほうが家賃は安くなります。仮に坪1万円で10坪のお店なら、家賃は10万円ですみます。

家賃をできるだけ安く抑えたいという気持ちはわかりますが、かと言って、たんに安ければよいというものではありません。

あくまでも目安ですが、小さな店舗で負担の少ない家賃は月10万円までです。それ以上になると家賃のために働くことになってしまいます。

⑥経費（光熱費等）が安い

店舗が広くなればなるほど、経費（光熱費など）も増えます。どんなに経費を使っても売上げには貢献しません。ならば、やはり手頃な小さい店舗で商売すべきです。

SHOP 11

「仕入れは掛け」「販売は現金」

――現金商売をしよう

商売とは、お金を商品に替えて、それをまたお金に戻す作業です。だから始めに現金がないと商品を買えず、商売ができません。たとえば、6万円で商品を買い（仕入れ）、それを10万円で現金化（販売）したら、儲け（利益）は4万円です。この場合、4万円の利益を手に入れるために、仕入れ代金の6万円を必要としたわけです。もし最初に仕入れの6万円がなければ、4万円の利益を得ることができなかったのです。

6万円ぐらいならまだ段取りがつくでしょうが、50万円とか100万円を明日の仕入れまでに間に合わせるとなると、そう簡単ではありません。

でも、仕入れ金が手元になくても利益を上げる方法があります。それは「仕入れを掛け」にすることです。要するに、仕入れ代金を現金で払うのではなくて、後払いにするということです。これによって、手持ちのお金がなくても商売をすることができます。仕入れた商品を売って得たお金で仕入れ代金を払えばいいからです。

ただし、注意が必要です。商品は売ったものの、もしトラブルがあって売上げ金を回収できなかったら、仕入れ代金をほかから段取りしてでも支払わなければなりません。

また、先に売上げ金が手に入ると、すべて利益と勘違いして、そこから仕入れ代金を引くのをつい忘れがちになります。こうした点にはくれぐれも注意しなくてはなりません。

実は、さらに商売を楽にする方法があります。それは、「商品やサービスを提供する前に売上げ金を回収する方法」です。要するに、前払いで代金を受け取るということですが、これによって、その売上げ金で仕入れができるようになります。結局、商売する上でお金をできるだけ楽に回したいなら、「仕入れは掛け」で「商品・サービスを提供する前に売上げ金を回収」すればいいことになります。

しかし、これはあくまでも理想です。なぜかと言うと、これを実行するには周囲からかなり信頼されなくてはならないからです。仕入れ先も商売をしていますから、確実に回収できる見込みがない限り、相手に掛売りをすることは絶対にありません。

また、販売先（お客様）からすれば、注文した商品やサービスを確実に提供してもらえるという確信がなければ、絶対に代金を前払いするはずがありません。

このため、この2つを実行するには、仕入れ先とお客様の双方からの絶大な信頼が必要です。それにはまず仕入れ先には現金仕入れで実績を作り、お客様には誠実に対応して販売実績を作ることです。

SHOP 12

銀行頼みの商売はするな

かつて私の父親は完全に銀行頼みの商売をしていました。1件の仕入れで数十万、数百万円かかるのは当たり前で、多いときは1000万円以上の仕入れもありました。そして、仕入れ先は主に海外（韓国や中国）だったので、商品が入荷する前（正確には現地から船が出港する前）までに必ず現金を仕入れ先に支払わなければなりませんでした。要するに、先に支払いをすませておかないと商売が成り立たなかったのです。

しかし、当時父親の会社には支払いのために常時数百万円以上の現金をキープできるほどの余裕はありませんでした。

そこで「信用状（L／C：エルシー）」による決済という方法をとっていました。「信用状」とは、銀行が相手国の仕入れ先に支払いを立て替えてくれる方法なのですが、銀行に取引額に見合った保証（お金や担保）を取られますし、銀行から借金するわけですから、当然金利や手数料を引かれる分、利益も減ります。

それだけではありません。仮に仕入れがうまくいっても、今度はそれを国内で販売しなくてはなりません。販売先は問屋ばかりだったので、支払いはほぼすべて「約束手形」によるものでした。「約束手形」とは、「支払い期日と金額を手形に書いている通りに履行しますよ」という約束をした書類で、ただの紙切れです。しかも、支払いが履行されるのは早くて1ヶ月～3ヶ月後で、長いと半年以上も先になります。

支払いが約束通りに履行されればいいのですが、万が一、手形を振り出した会社が倒産でもすれば、約束手形は文字通りただの紙切れになってしまうのです。

実は、父親は資金繰り上、約束手形の期日まで待つことができず、裏判を押して銀行で手形割引をしてもらい現金化していました。現金化すると言っても、もし手形の振出人が期日に支払いできなければ不渡りとなって、裏判を押した父親が銀行にお金を返済しなくてはなりません。また、割引手数料という名目できっちり金利も取られます。結局、手形割引もまた「信用状」と同じく銀行に対する借金なのです。

このように、父親は仕入れ先に支払うために借金し、集金する際にも借金していたので、ひとつの商取引で銀行に2回も金利を取られていたのです。しかもリスクは父親だけが背負って、銀行は何も背負いません。言ってみれば、銀行を儲けさせるための商売だったのです。これではせっかく儲かる商売でも儲かるはずがありません。

資金力のない会社が大きな商売をすると、取引を行なう過程でどうしても資金繰りのつじつまを合わせるため、銀行を頼らざるを得ません。そのウエイトが高くなると、銀行に払う金利もかなりの額になり、商売をするのがバカらしくなってきます。私は父親の事業を通じて、このことが身にしみてわかりました。

だから私はそれ以来、絶対に銀行頼みの商売をせず、どんなに規模の小さい商売でもいいから、自分の身の丈に合った現金商売をしようと決めたのでした。これから開業するみなさんにも、できるだけ銀行に頼らないで商売することをおすすめします。

どんなお店にするかは、こうして決めよう

SHOP 1

粗利益が高い——販売する商材を決定しよう

ここでは、「1人のお店」に適した商材を決める際の5つのポイントを説明します。

1点目は、粗利益の高い商材です。粗利益とは、売上げから仕入れ費を引いた利益のことで、まだ経費などを差し引く前の利益のことです。どんなビジネスでも、この粗利益が高いほうが儲けも大きくなります。

大手企業の場合は粗利益が低くても、圧倒的な販売数により、安定経営を実現できますが、私たちのような小規模のビジネスの場合は、絶対に高い粗利益をキープしなければ儲けを確保できません。それは、販売数に限りがあるからです。

特に「1人のお店」の場合、販売はもちろんのこと、その他の仕事もすべて1人で担うため、どんなに頑張っても販売数はたかがしれています。限られた販売数によって得た粗利益で、すべての経費をまかなう必要があるため、できるだけ多くの粗利益が必要となってくるのです。

SHOP 2

値段があってないような商品を販売する

――販売する商材を決定しよう

基本的に定価が決められているメーカーの既製品は、いつ買ってもどこのお店で買っても同じ品質で同じ価格です。

しかし、最近はデフレ傾向のせいか、よほどの超一流ブランドでもない限り、決められた定価を無視したディスカウント販売が当たり前になってしまいました。大型店では定価150円のペットボトルのジュースが99円で売られていたり、酒・ビール・米までも1年中安く売られています。

こうなると、同じ商品を販売するにしても、資本力に勝る大型店のように安くは販売できないため、私たちは価格競争に巻き込まれるような商材を扱ってはいけません。

ではどういう商材が適しているのでしょうか？　それは「値段があってないような商品」です。

そうした商材は大きく分けて2つあります。ひとつは、「相場によって価値が変動する商材」です。代表的なものに野菜や果物、肉類や魚類などの生鮮食品があります。生鮮食品は市場でそのつどセリにかけられ値段が決まります。

その日の相場は需要と供給のバランスで決まるので、入荷が多いと相場が下がり、逆に入荷が少ないと相場が上がります。同じ商品でも、日によってまったく値段が変わるため、うまく仕入れることによって利幅を増やせる上、加工（料理）して手間を加えると、オリジナルの商品になり、比較的自由に値段をつけることも可能になります。

2つめは、「仕入れが限りなくゼロに近い商材」です。このように言うと、「そんなおいしい商売なんてあるはずがない」と思われるでしょうが、実は世の中には、そういう商売がたくさんあります。仕入れをゼロにしたいなら、商品を仕入れなければいいのです。要は物販を避け、「無形のサービス」を提供すればよいということです。

「無形のサービス」を提供する業種は、理髪店・美容室・あんま・カイロ・マッサージなどたくさんあります。これらの業種は備品や消耗品を仕入れるほかは、自分の持っている技術をお客様に提供するだけでよいのです。それでいて1、2時間ほどのサービスで何千円～何万円と高額な料金を請求できます。

独立するまでにかなりの修行を要するので、誰でもすぐに開業できるわけではないというデメリットがあるものの、サービスを提供するには仕入れが要らないため、「1人のお店」を経営をする際には参考になるはずです。

SHOP 3

同業他社と差別化しやすい
──販売する商材を決定しよう

小さなお店が、周りから支持されるには、必ず同業他社と差別化しなくてはなりません。そのためには、先ほど述べたように他店と同じモノを売っていたのではダメです。このため、お客様に対してほかには絶対負けない特徴をアピールしなければならないのですが、それがなんでもいいわけではありません。

以下に述べる2つの条件を満たしてください。

ひとつは、「誰が見ても単純明快であること」です。

世の中には、さまざまな業種のお店がありますが、端から見て一瞬で「○○屋さん」と判断してもらわなければなりません。

それは、お客様であろうとなかろうと、何を提供しているのかわかりにくいお店というのは、すべての人の記憶に残りにくいためです。

お客様が来店したり、そのお店が噂になったりするには、必要な時にそのお店のことを思い出してもらう必要があります。そのためには、「誰が見ても単純明快であること」が絶対条件です。

もうひとつの条件は、「本物であること」です。ひと昔前なら、値段さえ安ければ大抵のモノは売れました。

しかし今は違います。消費者の目も肥えていますし、知識も情報も豊富なので、売り手が無知な消費者を騙すことができない時代なのです。

食品ひとつを取ってみても、産地や添加物の明記は当たり前になっていますし、またそれが重要とされています。どんなに安くても、体によくない食品は売れません。今消費者に必要とされているのは、安心で安全で信頼できる「本物の商品」なのです。

以上の2つの条件を踏まえた上で、他店との差別化を検討してください。

SHOP 4 大手企業に真似されにくい
――販売する商材を決定しよう

同業他社の中でも、小さなお店にとって大手企業が経営する大型店は特に脅威です。私の少年時代には当たり前のようにあった駄菓子屋や町の小さなスーパーは、すべてコンビニや大型スーパーにその役目を奪われてしまいました。

また、地元に密着した個人商店の酒屋も大型ディスカウントの酒屋に飲み込まれました。

こうした動きからわかるように、私たちが取り扱う商品のほとんどは大手企業が経営する大型店にお客様を奪われてしまっています。

それでは私たちはいったい何を販売すればいいのでしょう？　それは、大手企業に真似されにくい商品・サービスを提供することです。

大手企業に真似されにくい商品・サービスと言うのは、さきほども述べましたが、要は大手メーカーの既製品ではなく、ほかにないオリジナルの商品・オリジナルなサービスということです。

オリジナルの商品を提供する業種に一番適しているのは飲食業だと思います。

同じうどん屋であろうがラーメン屋であろうが、店によって味付けが違い、人によっておいしいと感じる味もまちまちだからです。

ある人が、「あそこのラーメン屋はとてもおいしいよ」と言っていたので、試しに行ってみると、あまりおいしくなかったということは意外に多いのではないでしょうか。

実は、行列ができる評判のお店ほど味にクセがあるので、嫌いな人も多かったりしますが、商売は繁盛しています。要するに、それだけ個性が強くインパクトがあるということです。

おいしいに越したことはないですが、万人においしい味付けになるとインパクトがなくなります。

インパクトがなくなると、どこでもありそうなお店になってしまい、大手のチェーン店に飲み込まれてしまうのです。

SHOP 5

消費者の反響を呼びやすい
——販売する商材を決定しよう

「消費者の反響を呼びやすい」ということは、大きな武器になります。要するに、口コミ率を高めるということです。

口コミで顧客を獲得できれば、経費をかけずに効率よく利益を上げられます。既存のお客様がお店のよい面を紹介してくれるので、それを聞いた新規のお客様は買い物する前からお店に信頼と期待を持つようになります。

そして、目的もはっきりしているので、それに見合った商品やサービスを提案するだけで購入につながりやすく、リピーターにもなりやすいため、口コミ効果は新しい固定客を獲得するのにかかせません。

今、改めて思い返せば、私の生花店も口コミと評判で来店してもらっている固定のお客様の割合がかなり高いことを認識させられます。

では、口コミ率を高めるにはどうすればよいのでしょうか？　それには、いろいろな方法があるとは思いますが、ただ、私のこれまでの経験から言うと、口コミがより広がりそうな客層を相手にすると効果的です。それはズバリ、「女性」です。やはり女性が噂や評判を聞きつけ、それを多くの人に広める能力はすばらしいものがあります。

私の経営する生花店はお客様のほとんどが年配の女性です。今までいろいろな方に私のお店の宣伝（口コミ）をしてもらってきたおかげで、ありがたいことに、一切広告宣伝をしなくても次々に新規のお客様が来店してくださいます。

オープン当初は広告宣伝しなければお客様が来ないと思っていたため、タウンページに年間10万円以上の経費をかけていましたが、それによる顧客増大・電話注文・知名度アップの効果といった売上げ貢献度はほとんどゼロでした。

このため、私は1、2年で広告宣伝を一切やめてしまいましたが、それによる売上げダウンはまったくありませんでした。

広告宣伝より、既存のお客様に満足してもらえる商品を提供していくほうが売上げアップにつながっていると実感しています。また、より多くの人に伝えてもらえる客層をターゲットにしたことも、売上げに貢献していると感じています。

SHOP 6

商品ロスが少ない――こんな性質の商材を探そう

続いて、ここでは具体的な商材を探すための4つのポイントを整理します。

店舗経営をする上で、日々気をつけるべきことのひとつに「商品ロス」があります。どんなにたくさん売っても、商品ロスが多くなると利益を食いつぶして赤字になってしまうため、商品ロスを減らすことは、すべての物販系店舗販売者の永遠の課題と言えるでしょう。

しかし、商品ロスばかりを気にして店頭の商品在庫を減らしすぎると、魅力のないつまらないお店になってしまいます。

お客様はいつも来店する際、「今日、私の好みの○○が入荷してないかなぁ」とワクワクしながら来店するため、このワクワク感がなくなってしまったら、お店の存在価値はありません。私たちは絶えず、お客様に来店してもらえるような商品を揃えておかなければならないのです。

ところが、やっかいなことに、過剰在庫にならずにバランスよく仕入れるのは難しいものです。在庫が少ない時にお客様が殺到して販売の機会を逸したり、逆に入荷を増やしても売れずに商品ロスを出してしまったりと、なかなかうまくいかないものです。

特に生花店のようなナマモノを扱うお店にとって、売れ筋の読み違いは命取りです。一般的に生花は、夏で3～4日、冬でも1週間ほどで商品価値がなくなってしまいます。シビアに言えば、入荷してから1週間以内に売れないと、すべて生ゴミになってしまうのです。だから私は、いろいろな業種の中でも人一倍、商品ロスをなくすためにいつも試行錯誤しています。

商品ロスに気を配るのは、私のようにナマモノを売る店だけではありません。他の業種でも、やはり商品ロスは大きな課題です。たとえゴミにならなくても、倉庫の片隅にいつまでも放置されていれば商品ロス（デッドストック）です。

いずれにしても、私たちはできるだけ商品ロスを出さない工夫をしなければなりません。

そのための工夫をいくつかご紹介しましょう。

ひとつは、できるだけ事前予約をもらうことです。事前に予約を受けていれば商品ロスは発生しません。確実に売れるとわかっているモノを仕入れるのですから当然です。

ちなみに、私のお店の常連客の多くは、事前に予約注文を入れてくれます。と言うより、私が長い年月をかけて、事前予約してもらうように仕向けたのです。

「1人で運営しているので、すぐに対応できない場合があります。前もっての予約をお願いします」とお客様に言い続けたのです。

そのかいがあって、多くのお客様が来店の日にちと注文内容を事前に私に教えてくれるようになりました。おかげで私は注文を受けてからの仕入れが可能になり、ロスを軽減できるようになりました。

もうひとつの工夫は、メーカーの委託商品を販売することです。これはアパレル業界など一部の業種に限られるやり方ですが、商品ロスをなくす有効な方法と言えます。

委託商品とは、売れ残ったらメーカーに返品できる商品です。委託商品を扱えば、売れ残っても在庫を抱えずにすみます。

しかしこの方法にはデメリットもあります。ひとつは利益率が低いことです。

メーカー側には返品されるリスクがあるため、その分値段を上乗せしてきます。また、商品の選定がメーカー主導になってしまうというデメリットもあります。売れ筋の商品なら、メーカーも委託販売のような悪い条件で取引する訳がありません。

つまり、委託商品はどうしてもメーカー側に都合のよい商品ばかりになってしまいます。それをお店のメインアイテムとして展示してしまうと、お店の個性がなくなったり、違う個性の店になってしまうので注意が必要です。

SHOP 7 商品の回転が早い——こんな性質の商材を探そう

商品が長期間、現金化できなくなることは非常に危険です。売れない期間が長ければ長いほどリスクは高まります。

その理由は、ほとんどの商品は時間の経過とともに値打ちが下がってしまうからです。生鮮品であれば鮮度が一番大切なので、なおさらです。

このことは、夕方のスーパーマーケットの食品売り場を見れば明らかです。何十パーセント引きといった見切り品がたくさん陳列されています。ファッション関係でも流行を過ぎると、商品の値打ちが下がってしまい、バーゲン行きになってしまいます。

このように、モノの価値は時間とともに下がってしまうので、早急に販売しなければなりません。

商品を早く売らなくてはならない理由には、経費の問題も関係しています。商品を仕入れて、それを売ることによって売上げが発生します。売上げの内訳は、仕入れたお金（仕入れ原価）と粗利益の合計です。そして、粗利益から経費を引いて残った分が純利益です。

■粗利と経費の関係

(1万5,000円－8,000円)－4,000円×1日＝3,000円			
(売上げ)	(仕入れ)	(店舗経費／日)	(黒字)

(1万5,000円－8,000円)－4,000円×2日＝－1,000円			
(売上げ)	(仕入れ)	(店舗経費／日)	(赤字)

8000円で仕入れた商品を1万5000円で販売したとします。そして店舗を経営するのに必要な経費を4000円／日とします。

この場合、その日のうちにすぐに売れれば粗利益の7000円で経費を支払うことができ、3000円儲かりますが、もし売れるのに2日かかったら、営業経費は4000×2日＝8000円なので、粗利益でまかなえず1000円の赤字になってしまいます。

ここからわかるように、商売とは時間との戦いなのです。私たちは早く売れる商品を選ぶとともに、入荷した商品をできるだけ早く販売するよう心掛けなくてはなりません。

SHOP 8

在庫価格が低い——こんな性質の商材を探そう

絶えず在庫価格が低く収まっていれば、商売のリスクはかなり軽減できます。

私が生花店を開業した当時は本当に資金がありませんでした。

店舗を借りるための敷金や設備や備品などにお金がかかり、肝心の商品を仕入れるお金がほとんどありませんでした。

しかし、幸いにも生花店は見た目よりも在庫価格を抑えられる業種だったのでとても助かりました。10万円もあれば、商売ができるぐらいまでの店頭在庫を一から仕入れることができます。

10万円分の店頭在庫を3～7日間で販売して現金化すれば、そのお金でまた仕入れをすることができます。これを繰り返していくことによって、私は年間1000万円以上の売上げを達成しています。

もし、店頭在庫がすべてロスになってしまっても、損害額はたったの10万円ですみます。これぐらいのリスクなら、資金が少なくても十分に対応できます。

しかし、これが多額の店頭在庫を必要とする業種だったらどうでしょう？

たとえば、ビデオレンタル店の店頭在庫額は莫大になります。ビデオ１本の仕入れ額は安いものでも５０００円、高いものでは１万円もします。仮に１本５０００円として１０００本の在庫を揃えるとなると、５００万円も必要です。

しかし、たったの１０００本ぐらいの店頭在庫では魅力のあるお店はできません。そう考えると、一般的な在庫数を揃えるには、軽く１０００万円は必要となります。これではリスクが高すぎます。もし何らかの理由でロス商品が増えれば、おそらくそのお店は閉店せざるを得ないでしょう。

これに対し、在庫価格が低い生花店ならその心配はいりません。商品ロスや盗難などの負担は軽く、商品数も少ないので管理も比較的楽です。

「１人のお店」を開業する際には、このように在庫価格を低く維持できる商品を選ぶべきなのです。

SHOP 9

あまり高価でない――こんな性質の商材を探そう

高価な商品を販売する場合は、何かと注意が必要です。まず商品管理を徹底しないといけません。

お客様は、安いモノより高価なモノのほうが見る目が厳しくなります。たとえば、100円均一のお店で購入した商品がすぐに壊れたとしても、わざわざお店にクレームを言いに行ったりはしないでしょう。

しかし、これがもし高級な腕時計なら話は全然違ってきます。2、3日で壊れようものなら、きっと鬼のような形相で販売店に怒鳴り込んでくるに違いありません。神経質な人なら、小さな傷ひとつあるだけでクレームを言いに来るでしょう。

つまり、高価な商品を販売するには、商品管理を徹底しないといけないということです。高価な商品を販売するには、それなりの設備も必要です。

よく路上で普段着姿のお兄さんがブランド品を売っていますが、本物だと思っている人はいないはずです。仮に本物を販売していたとしても、信用する人はいないでしょう。高価な商品は、それに見合ったお店で売られるというのが常識だからです。

つまり、高価な商品を販売するには、それにマッチした店構えでていねいな接客を必要とするため、開業するには巨額の資金と長い時間を必要とします。

もうひとつ、高級品を扱うとなると、日々の売上げがとても不安定になるというデメリットもあります。高価な商品を扱えば、少し売れるだけで多額の売上げになります。しかし、高価であるがために、まったく売れない日（ボウズの日）もあるわけです。

私の知り合いに、スナックを営んでいるママがいます。その方が最近、商売替えをしました。何の商売に替わったかと言うと、なんと客単価の低い喫茶店なのです。

私からすれば、客単価が高いスナックのほうが多額の売上げがあり、儲かって楽しそうな気がします。

では、なぜわざわざ客単価の低い喫茶店に商売替えをしたのでしょう?

理由はいろいろありますが、そのひとつに、毎日の売上げの差が激しいことがあります。スナックなら客単価は最低でも5000円です。ボトルをオーダーすれば、すぐに1万円を超えるため、何人かのお客様を相手にするだけで、十分な売上げが立ちます。

しかし、そういう日が続けば経営は安定するものの、不景気の煽りと飲酒運転の取り締まり強化で、売上げが低迷していったそうです。ひどい時は、3日も4日もボウズの日もあるとのことでした。

お客様が来店しなくても、スタッフの人件費や家賃がかかりますから、資金繰りが大変です。だから、そのママは資金に余裕があり、体力的にもまだ元気なうちに商売替えを決意したのです。

これによって、客単価が低くても、毎日安定して売上げが立つようになり、資金繰りに振り回されないですむようになりました。

ここからわかるように、私たちが「1人のお店」を開業する場合、高価な商品だけを販売することは避けるべきです。経営を安定させるためには、比較的手ごろな値段の商品を扱うのがよいでしょう。

SHOP 10

「仕入れ→加工→販売→集金」が1人でできる

——販売スタイルはこうしよう

2章でも触れましたが、「1人のお店」を実現するには「仕入れ→加工→販売→集金」を、すべて1人でこなさなくてはなりません。そのためには、先述のように「タイムラグを作る」といいのですが、ここではそれ以外のコツを紹介します。

まず第一は、「仕入れ→加工→販売→集金」のどれかひとつに偏ってこだわってはいけないということです。

仕入れにこだわりすぎて、加工や販売が手薄になったり、未集金が多かったりしてはいけません。ある意味すべての業務をこなすには、妥協も必要なのです。

私の場合も、本当は安く買えるセリで仕入れをしたいのですが、セリに行くと買い付けが長くなり、半日以上、時間が取られてしまいます。これでは仕入れ後の加工や開店準備ができません。

このため、私は朝の4時に起きて生花問屋に向かいます。問屋の場合、値段はセリより若干割高にはなりますが、夜明け前に希望の商品を必要な分だけ短時間で買い付けることができます。これにより、朝10時の開店までに商品をお店に入荷することができるのです。そして、商品を販売できるように加工処理しながら、並行してお客様に販売していくのです。売上げはほぼ100%現金なので、販売と同時に集金できるわけです。

第二のコツは、先ほど「商品ロス」の項でも触れましたが、できるだけ事前に予約をもらうことです。事前予約をもらうことによって、すべての業務がスムーズに運べるようになります。急な注文のためにわざわざ仕入れに行かなくてもすみますし、加工も空いた時間でこなせるので、自分のペースで仕上げることができます。

私の場合、お盆やお正月の前になると生花の需要が一気に増え、急に忙しくなります。普段は1人で十分運営できるのですが、その時期になると通常の売上げの10倍ぐらいになるので、まともにやっていたら、とても1人では「仕入れ→加工→販売→集金」をこなせません。そこで、前もって固定のお客様には事前に予約をもらい、あとは過去のデータをもとに大体の売れ筋の予測を立て、万全の準備をしておきます。

こうして仕入れと加工を事前に完了し、商品を引き渡すだけの状態にしておけば、あとは販売と集金に集中すればよく、お客様1人あたりの接客時間も短縮されて、自分でもびっくりするぐらいの人数をさばけます。

SHOP 11

不特定多数の顧客を相手にする
——販売スタイルはこうしよう

店舗販売の最大の特徴は、たとえ規模は小さくても、近隣の不特定多数の顧客を相手にできることです。そして、そのメリットは、多くのお客様の出入りによって、売上げが絶えず安定することです。

毎週日曜日に決まって母親にプレゼントをするために来店する夫婦、毎週恩師のお見舞いに花を持っていく女性、月に1回必ずお墓参りに行く青年、年に1回知人のお店の開店記念に祝い花を持って行く老人など、さまざまな来店周期のお客様がいます。

低単価で短い来店周期のお客様もいれば、年に数回しか来店しないものの、高額品を購入されるお客様もいます。こうしたいろんなタイプのお客様に販売することで、私のお店の売上げはあまり激しく上下することなく安定しているのです。

不思議なもので、あるお客様が来られなくなったとしても、それと前後して新たなお客様が来店するようになることも多々あります。こうしたことは、不特定多数のお客様を相手にできる店舗販売ならではのメリットです。

一般的に店舗販売は少数のお客様で店を支えることはできません。多くの方に広く浅く愛されることで経営は安定するものです。

私の父親の商売の場合は、特定少数の顧客と高額の取引をしていたので、営業のフォローや管理という面では楽だったかもしれません。

しかし、少数の顧客と取引をしていて、しかも1社あたりの年間取引額（年間売上げ）が数百万から数千万円だったため、もし取引先が倒産したり、取引を停止されたりした場合、売上げがごっそり減ってしまいます。

優良な新規の取引先が1件増えるだけで売上げが大幅にアップしますが、それに比例して仕入れや経費もアップするので、突然に多額の資金が必要となることもしばしばでした。許容量を越す受注のため黒字倒産になりかねない時もあり、経営はとても不安定でした。

会社の経営は河川のようなもので、水の流れをお金の流れとすれば、洪水で一気に水が流れ込むと決壊してしまうし、逆に日照りが続くと干上がってしまいます。また、何かで堰き止められると水が流れず濁って、最後は腐ってしまいます。

だから、急激な売上げの増減というのは資金繰りを脅かし、経営を不安定にするのです。私の商売のように比較的低単価で、不特定多数の顧客を相手にすれば、資金繰りが楽になり、水が流れるように経営が安定するのです。

SHOP 12

安売りは絶対にしない——販売スタイルはこうしよう

手っ取り早い集客法のひとつに「ディスカウント（安売り・値引き）」という方法があります。

お客様に対して多少の値頃感は与えないといけませんが、「1人のお店」では絶対に安売りしてはいけません。大手企業の戦略としてなら効果はあるでしょうが、私たちがやみくもに安売りをすると、自分で自分の首を絞めることになってしまいます。

開業して間もないころは自分のお店に自信が持てず不安になり、ついつい安売りや値引きをしたくなるのはよく理解できます。

しかし、安売りしても、実はお客様は誰一人喜んでいませんし、リピーターにもなってはくれません。

お客様というのは現金なもので、値引きした時はたしかに喜んでくれます。しかし、喜んでくれるのはその瞬間だけで、お店を出てしまうと忘れてしまいます。仮に忘れなくても、再度値引きをしない限り来店することはないのです。

そのようなお客様が増えたら要注意です。ディスカウントを目当てに来店するため、さらに安さを求められますし、もしほかにもっと安いお店ができたらすぐに浮気されてしまうからです。

また、口コミ宣伝する場合も「あそこのお店はすぐ値引きしてくれる」となるので、同じタイプのお客様しかやってきません。結局、値引き目当てだけのお客様が増えてしまうのです。

正直な話、私も少し痛んだ程度の生花はディスカウントして売りたいのですが、売らずにすべて廃棄処分にしています。

それは、質の悪いお客様が増えてほしくないのと、「あそこの花屋は安いけど、すぐに枯れる悪い花を売っている」と思われたくないからです。口コミの怖いところは、よい噂より悪い噂のほうが早く大きく広まることです。

安売りに走ったお店の失敗例を紹介しましょう。それは、私の家のすぐ近くにあったビデオCDレンタル店です。そのお店の周りには同業者があまりなく、CDレンタルに関しては1軒もなかったため独占状態でした。しかも、近くには私立大学や学校があり、たくさんの学生の需要が見込める好立地です。なのに、このビデオCDレンタル店の売上げは芳しくありません。

その店のオーナーがある日、私に相談を持ちかけてきたので、私はさっそくオーナーに経営方針と営業努力などを聞いてみました。

すると、赤字続きなので、まずは店内の在庫を下取り業者に安く買い取ってもらって、それで経費の不足分を払っていると言います。

私は、そんなことをしたら店内在庫が減り、魅力のないお店になるのでやめるように言いました。

次にオーナーは、お店を目立たせるために高価な電光看板や店内装飾にお金をかける予定だと言います。私は看板や装飾にお金をかけるぐらいなら、売れ筋商品や他店にない商品をもっと増やすように言いました。

そして最後に、オーナーは客寄せのために「ディスカウント」をすると言うのです。

私は「それだけは絶対にしてはいけない、逆に少し値上げしてでもいいから、商品数とサービスを向上させなさい」とアドバイスしました。

ところが、このオーナーは、大手チェーンのビデオCDレンタル店に負けないぐらいの安い価格帯で集客を狙いたいと言って譲りません。

この店から大手チェーンの店までは一番近いところでも車で20分以上もかかります。そんなに離れた大手チェーンをライバル視しているのにびっくりした私は、「わざわざ大手との価格競争に参加する必要はない。競っても必ず負けてしまうので、大手が真似できないカラーを出す工夫をしたらどうか？」と言いました。

しかし、残念なことに、このオーナーは私のアドバイスをまったく聞きませんでした。在庫を減らし、高価な看板を取り付け、安売りを実施したのですが、お客はいっこうに増えず、とうとう閉店してしまいました。

この例からもわかるように、苦し紛れや自己満足のディスカウントは絶対にしてはいけないのです。ディスカウントするよりも、お店のカラーを打ち出すべきです。

私たちはなぜディスカウントをしてはいけないのでしょうか。

第一に、安売りするとどうしても薄利になるので、仕事の能率（利益率）が下がってしまいます。「1人のお店」の場合、能率の低下は致命的となります。限られた時間内に自分1人ですべて行なわなくてはならないため、能率の悪いことをしていてはお店を運営できません。

第二に、薄利多売で利益を確保するためには、どうしてもたくさん売らなくてはならず、その分、からだの負担が増えます。利益を半分にしたら、倍のお客様を相手に販売しないと追いつきません。そのために倍の労働が必要となり、最後には1人で運営できなくなってしまうほどの負担になってしまいます。

第三は、「安かろう、悪かろう」というイメージが定着してしまうことです。

世の中は本当にうまくできていて、よほどよい仕入れルートやコネクションがない限り、商品はすべて値段相応で売られています。安いモノは質の悪い2級品で、よいモノはやはりそれなりにいい値段がするものなのです。

このため、ディスカウントをしようとすると、無理して利益を削るか、質の悪い安物を販売せざるを得ません。

最後に、第四の理由――これが一番大事なことですが、自分自身の「仕事に対するモチベーション」が下がってしまうことです。「売っても売っても儲からないから仕事するのが嫌だ」「儲からない商品を、偉そうに買っていく客に腹が立つ」というように、割りの合わない仕事は誰でもしたくなくなります。

特に「1人のお店」の場合、テンションが下がるとあっという間に沈んでいきます。やはり、ある程度納得できる利益を確保しないと、商売への意欲が薄れ、長続きできません。だから、安易に安売りに走ってはいけないのです。

SHOP 13

自分のキャラも一緒に売る

――販売スタイルはこうしよう

対面販売をする上で、商品と一緒に自分も売ることは大事な仕事のひとつです。同じモノで値段も変わらなければ、お客様は必ず気に入った販売員や店主がいるお店で購入したいと思うはずです。

とは言え、他人に好かれるというのはなかなか難しいことです。ましてや1人で不特定多数の人を相手にするとなると、なおさらです。

では、多くの人に好かれない人は、商売に向いていないのでしょうか？　私はそうは思いません。大事なのは、生まれつきの性格で好かれるということではなく、商売に取り組む姿勢を通じて好感を持たれることだと思います。

店舗というのは、実に多くの人々から日々見られています。そして、それらの人々が見るのは店舗や商品だけではありません。店内にいる販売員もよく観察しているものです。通りに面した立地なら、販売員を見る人はかなりの数にのぼるはずです。

私は開業してから今まで、自分から進んでお店の宣伝をしたことはありません。駅前でビラを配ったり、飲み屋に行った時に名刺を渡したりという宣伝行為も一度もしていません。

私が開業時から徹底しているのは、いつも最高の商品を店内に陳列し提供することだけです。そのためには、手抜きをせず、黙々と店頭で仕事をします。その姿は毎日通りすがりの大勢の通行人に見られています。私は、自分が仕事をする姿を通して多くの通行人に好感を持ってもらい、新規の来店へとつなげています。

いつも綺麗に並んでいる生花と、私の仕事をする姿を見て、「ここの花屋は信用できる」と判断してもらっているわけです。

個人のお店はどうしても常連客の割合が大きいので、新規のお客様をあまり歓迎しない傾向にありますが、それではいけません。私は新規客や一見のお客様に対しても、常連のお客様と同様にアットホームな接客を心掛けています。そうすることで、初めてのお客様も次から安心して来店してくれるようになります。

ただ私も人間ですから、ごく稀にではありますが、どうしても好きになれないお客様もいます。そして、どんなにそのことを隠そうとしても、嫌いなお客様を前にすると、無意識の内に態度に出てしまいます。正直者の私なら、まず顔に出ているに違いありません。

残念なことですが、そういうお客様は次回の来店につながる確率が低くなってしまいます。

SHOP 14

接客時間を長くしない
――販売スタイルはこうしよう

高価なモノを販売するならいざ知らず、お手ごろ価格の商品を売るのであれば、1人のお客様に手間どって接客時間が長くなりすぎると売上げに響きます。

1日の営業時間は限られているので、その時間内でより多くのお客様を相手にしなくてはならないからです。

お客様というのは朝から晩までコンスタントに、店員の都合に合わせて来店してくれるわけではありません。

これまで店舗販売をしてきて、不思議に思うことがあります。それは、1人のお客様が来店すると、なぜかその後から次々と他のお客様がやってくることです。朝からまったくお客様が来店しなかったのに、1人のお客様が来たとたんに続々とお客様が来店して、その日の売上げのほとんどを短時間で稼いでしまうことも多いのです。

実は、もっと不思議なことがあります。必ずお客様を連れて来るお客様がいることです。お客様を連れて来ると言っても、友達や知人と一緒に来店するのではありません。そのお客様が来店すると、いつもなぜか続々とお客様がやって来るのです。言ってみれば「福の神」といったところです。

こうした「福の神」が私のお店には何人かおりますが、この方たちが偶然重なって来店されたら大変です。その時は私のお店が一時的に超繁盛店に変身してしまうからです。

このように、人の行動というのは実に不思議なものですが、続けて来客があった場合、もし1人に対して長時間の接客をしてしまうと、おそらく多くのお客様を逃がしてしまうことでしょう。このため、私たちはできるだけ短い時間で販売が完了する商品やサービスを提供しなければなりません。

その意味で、やはり有利なのは、「事前に完成したモノ」を販売する業種でしょう。

定食屋さんのように、お客の注文を受けてから作るとどうしても時間がかかってしまいますが、弁当屋さんなら事前の作り置きが可能なので、すぐに商品を手渡せます。テイクアウトなので満席でお客様を逃がすということもありません。「1人のお店」の場合、加工に時間を取られると、「仕入れ→加工→販売→集金」のプロセスを1人で実現できなくなるということです。

お客様に少し待ってもらって、いつもお店を賑わっているように見せたり、あえて行列を作って繁盛店に見せる方法もありますが、これを実行するには、お客様が事前に待つこと覚悟しているか、待つことによって何らかのメリットがないとダメです。「あそこのお店はいつも混雑しているから、並ぶ覚悟で時間に余裕を持って行こう」と思ってもらうとか、「限定100個しかないから、待ってでも買いたい」といったメリットを提供しなくてはなりません。

実は、究極の接客時間の短縮方法があります。これを実行するには、開業してからある程度の年数が経ち、常連客も定着し、お客様と自分の間に信頼関係がないと無理ですが、接客時間を大幅に短縮することができます。

それは、すべての（常連の）お客様の希望商品・仕様・数量などの情報を完全に頭の中にインプットしておくことです。そうすることによって、お客様との不要な会話がなくなり、そのお客様の顔を見ただけで、すぐに商品を引渡す作業に取り掛かれます。

私のお店の常連のお客様は、私に対して希望の商品名や数量を言いません。「今日、（いつもの）ある？」とか「今度の月曜日にもらいに来るね」と言うだけで、お互いすべて理解できてしまいます。

こうしたことができるのは、私の頭の中にそのお客様の情報がインプットされているからです。私はこうして接客時間を短縮して、すべてのお客様を待たせることなく、販売の機会損失を防いでいます。

SHOP 15 高級品店と同じ売り方をしない
——こだわりと信念を持とう

同じモノを販売していても、店舗や販売員が違うだけでお客様の反応はまったく違い、売れ行きも変わってきます。

たとえば、まったく同じ洋服が2着あったとします。1着は、高級洋服店の一番よく見える綺麗なショーウインドウに飾られ、来客があれば進んで店員さんがお客様にアプローチをかけます。この場合、たとえ2万円でもこの商品はコンスタントによく売れます。

これに対し、もう1着はと言うと、露店に近い簡素な店舗に無造作に展示されており、店員の商品説明もありません。この場合、お客は自分の直感のみで判断しないといけないので、定価8000円でもほとんど売れません。

たとえ同じ商品でも、販売されている店舗のグレードや展示方法や店員の対応によってその値打ちと売れ方はまったく変わってくるのです。

百合の王様である「カサブランカ」という高価な花がありますが、どちらかというと低価格品を扱う私のお店では、1本1000円で売るのが限界です。それ以上の値段をつけると、ほとんど売れなくなります。その理由は、私のお店の平均客単価は700円から800円だからです。ほとんどのお客様が私のお店では700〜800円の買い物しかしないので、1000円以上のカサブランカにはどうしても抵抗を感じるのです。

しかし、これが高級ギフト専門の生花店ならどうでしょう？　高級ギフト専門店なら平均客単価は軽く3000円から5000円程度になりますから、1本1500円から2000円のカサブランカでも抵抗なしに買ってくれるでしょう。

では、生活に密着した花の場合はどうでしょう。私のお店では、仏壇に飾る花や神棚の榊、菊やカーネーションなどの庶民的な生花をメインに販売しているので、生活に密着した花ならたくさん売れます。反対に、私の店で扱っているような庶民的な生花を高級ギフト専門店へ買いにいく人はほとんどいません。

結局、お客様は「その店で何を買うか」や「そのお店で使う金額」を決めているのです。このため、私のように設備に費用をかけずに開業し、経費をできるだけ使わずに商売すると、スリムな経営ができる反面、高額商品は売れなくなります。

つまり、自分のお店のグレードや地域の中でのポジション（どんなニーズを満たすのか？）を見極めて、それに合った商品選びと値付けをすることが大切なのです。

SHOP 16

こうして自分の商売に自信を持とう

——こだわりと信念を持とう

あまり売れない日ばかりが続くと、自分の商売のやり方が間違っているのか？　と、とても不安になり落ち込むものです。

そんな日が続いても、わざわざ遠方から来店してくれたお客様に、「やっぱりここのお花じゃないとダメなのよね」「ここのお花が一番」と言われると、店舗販売をしていて本当によかったと思い、自信が湧いてきます。商売をしていて、これほどの褒め言葉はありません。

実は正直なところ、私はいまだに自分の商売に自信を持ってはいません。毎日どこかで不安と孤独と戦っています。

そんな時は、「今現在の自分」と「8年前の開業時の自分」を比べます。一見同じ業務をこなしているように思えますが、その行動や考え方は全然違います。開業時はただ仕事をこなすだけで精一杯で、なんでも一所懸命でした。まだ自分の売り方が固まらず、個性もうまく出せませんでした。仕事の要領もつかんでいないので、今から考えると恥ずかしい程、無駄なことばかりしていました。

しかし、徐々に経験を積むうちに要領を得て、今では技術をマスターし、完全に仕事をこなしています。なすべきことは、すべて頭と体に染み付いているため、同じ仕事をするにしても、開業時と今では能率が格段に違います。

このことから思うのは、商売に自信を持つためには、あきらめずに根気よく続けることが一番だということです。誰でも開業当初から自信があるわけではありません。不安と闘いながら、少しずつ前進していく中で、徐々に自信が出てくるのだと思います。

ただ、その自信も過剰になると要注意です。自信過剰になると、お客様を上から見るようになり、接客態度が横柄になってくるものです。また、仕事をあなどってしまい、手抜きをするようになります。

自信過剰にならないためには、初心に返る姿勢が必要ですが、そのほかには「自分の限界を知ること」も大切です。

私は開業時、実のところ計画よりももっと売上げがあるだろうと思っていました。だから、当初5年で返済する予定だった開業資金の借り入れも、3年で返せるだろうと踏んでいました、残りの2年でかなりの貯金もできるだろうと考えていたのです。

しかし、現実は厳しいものでした。いざ開業してみると、3年で返せるどころか、売上げの悪い月には毎月の返済額がとても苦しく感じました。正直なところ、なんとかやっとの思いで5年間の返済が完了した次第です。このような経験から、私は自分の販売力や支払い能力の限界を知ったのでした。

そして、借金の返済が終わったころに実感し始めたのが、体力の限界でした。

生花店は見た目が綺麗な商売なので、よく女性の仕事だと思われがちです。しかし実際は、仕入れの日になると、夜明け前から市場に行って走り回り、店に帰ると水揚げと並行しての販売、そして閉店後の配達というように1日中動きます。お盆や正月前になると寝る時間もなくなり、ピーク時は1日20時間も働きます。

また、外の仕事なので夏は暑く、冬はとても寒くてキツイ労働環境です。このように、生花店は一見華やかに見えますが、実際にはかなりの体力を要します。

開業当時、私はまだ26才だったので、体力的にもまだまだ元気で、少々無理をしても一晩寝れば大丈夫だったのですが、30才を越えるとそれもキツくなってきました。

このように、商売を通じて自分の限界を知ると、謙虚で用心深くなり、思い上がりもなくなるので、商売を続けていくのであれば、自分の限界を感じることも大切です。自分の限界を知れば、天狗にならずにすむからです。

SHOP 17

これが「超専門店」のメリットだ

――超専門店を目指そう

私は過去に、生花店を営むかたわらあらゆるモノを売ってきました。５００円均一の傘・カバンなどの雑貨類や国産大豆１００％の豆腐を売ってきましたし、石焼き芋にいたっては本格的に石焼き芋機を購入し、花屋か石焼芋屋か自分でもわからないぐらい真剣に石焼芋を売っていた時期もあります。

始めのうちは珍しいので売れるのですが、定期的に購入して固定客になる人はほとんどいませんでした。それどころか、しだいに売れ行きは落ちていき、最後はほとんど売れなくなります。いくら頑張っても、やっぱり花屋では生花が一番売れるのです。

お客様というのは、私たちが思っている以上にとても単純に、ダイレクトにそのお店を思い出します。インターネットの検索のようにひとつの事柄に関して多くの情報を持っているわけではありませんので、私たちはできるだけ多く人々に思い浮かべられるような存在にならなくてはなりません。

インターネットの検索で言えば、いつも1番表示されるようになる必要があるわけです。

そのためにはどうすればいいのでしょうか？　それは、すべての人々にできるだけシンプルでわかりやすいお店であることをイメージさせることです。

よほど珍しくて大きな話題にならない限り、花屋から石焼き芋をダイレクトに連想する人は少ないものです。

しかし「超専門店」なら、お客様のイメージに残りやすくなります。もし牛丼が食べたいなら牛丼屋へ行くでしょうし、餃子なら餃子専門店や中華料理店を連想するといったことです。

販売する商品を徹底的に絞り込めば絞り込むほど客層は限定されますが、お店の存在感は増し、お客様のイメージに焼きつきます。このことが繁盛店への第一歩となるのです。

私の店の近くに、通りに面したお餅屋さんがあります。そのお店は普通のお餅屋さんなのですが、臼と杵でお餅をつくのがとても早いことで有名です。それが話題になり、テレビの取材を受けたり、有名人が来店していましたが、最後には店主自らテレビ出演するまで有名になってしまいました。それにより、このお店はいつも繁盛するようになりました。

でも、いくら有名になったからと言って、私からすれば普通のお餅屋です。

あくまでも、お餅という商材に専念し、スピードのある餅つき技術を磨いたことで話題を呼び、繁盛店になったのでした。

「超専門店」になるには、あれこれとむやみに手を広げるのではなく、特定の分野に絞り込んだり、技術を特化することです。

たとえば、39ページでもお話ししましたが、私のお店は庶民的な花屋ですが、仏壇・お墓参り・神棚などに奉る生花が主体の品揃えをしています。特に「菊」に関しては、1年中豊富に取り揃え、他店にあまりないような「和花や枝モノ」も取り扱っています。

また、地方都市の下町という地域性に合わせて、仕入れる生花の色合いも、年配者に配慮して、今ふうの曖昧な色の花は取り扱わず、「赤・白・黄・紫」などのはっきりした色を中心にしています。このことにより、「仏壇の花・お墓参り・神棚の榊ならここのお店」というシンプルでわかりやすいお店のイメージができたのです。

このことからもわかるように、店舗販売するには「超専門店」を目指すことが大切です。「超専門店」になれば、お客様や地域の住民にシンプルでダイレクトなイメージを持ってもらうことができ、お店の存在をアピールできるようになるのです。

4章

さあ、お店を始めよう

SHOP 1

いきなり店舗を構えるな。まずは試験販売をしてみよう

商材や販売スタイルが決まり、企画書ができ上がっても、いざ実際に行動に移すと、なかなか思い通りにはいかないものです。開業の経験がない人がいきなり店舗を構えると、無駄に資金を使ったり、せっかく興味を持ってくれたお客様を取り逃がしてしまうこともあります。

さきほど商売を「釣り」にたとえたように、どんなに魚のいるいいポイント（立地）で釣り（商売）をしても、釣り人が素人ならなかなか魚は釣れません。

そこで、商売の要領とコツを身につけるため、いきなり店舗を構えずに、まずは試験販売することをおすすめします。試験販売することによって、最小限の資金でリスクも少なく、自分がこれから始めようとする商売の手ごたえを知ることができるからです。

みなさん、「なんだ、路上販売か」などと決してあなどってはいけません。

私の知人に、商店街の空き店舗を日借りして2～3日おきに各地域を転々と回って古着や雑貨類を販売している人がいますが、その年商は実に１５００万円以上にのぼります。基本

的に曜日ごとに同じ商店街を回るので、口コミが発生し、優良な固定客も獲得しています。

このようにひとつの固定した場所で店舗を持っていなくても、きっちりとしたリズムを守っていれば一人前の商売ができるのです。

商売というのは、決して綺麗な店構えやていねいな接客などの上辺ばかりに目を向けてはいけません。大切なのは、お客様や仕入れ先との約束を守って信頼を得ることです。これこそが商売する上で一番大事なのです。

実は私も店舗を持つ前は、路上販売をした経験があります。「本当に自分に花屋ができるのか？」という不安を解消するために、どうしても試験販売をしてみたかったのです。

いざ試験販売をしてみると、実にいろいろなことが見えてきました。

まず、つまずいたのは仕入れです。

その時期の売れ筋・定番商品をまったく把握していないので、何をどれだけ仕入れればよいかわかりません。

なんとか仕入れたモノを販売しようとするのですが、これもまた段取りよく進みません。

どのように生花を手渡すかもわからなかったため、何人か続けてお客様が来店されたら、もうパニック状態です。

商品の説明も管理もできず、仕入れから閉店までの時間配分もできませんでした。

結局その場所で、約2週間の営業を試みたのですが、終わってみると売上げた金額と同じだけの売れ残り在庫を抱えてしまい、大損してしまったのです。

こうして、頭の中で考えていたことが現実にはまったく通用しないことがわかりました。

普通ならここで自信をなくして諦めてもおかしくないのですが、実は私は試験販売を通じて大きな発見をしました。それは、多くの売れ残り在庫を抱えてしまったものの、当初予想していた金額以上に売上げがあったことです。

「売れ筋を見極めて、在庫調整していけば私のやり方でも十分利益を出せる」

そう確信した私は、それ以降自信を持って花屋をするための店舗探しができるようになりました。

このように、頭の中で描いていることと現実には大きなギャップがあるものです。どんなに完璧な企画を立てても、しょせんは「絵に描いた餅」でしかありません。

現場の要領とコツをつかまないまま、いきなり店舗を構えて商売を始めてしまい、うまくいかずに挫折するのは実にもったいないことです。

そのような失敗をしないためにも、私は事前の試験販売をおすすめします。

SHOP 2

いろいろな試験販売のコツと注意点

ここでは、試験販売を試みるにあたって、販売方法のコツと注意点をご紹介します。大きく5つのパターンにわけましたが、どのパターンにも共通するのは、いくら仮設の店舗や路上販売であろうとも、お店のカラーをキッチリと出さないと絶対に売れない、ということです。

あくまでも試験販売なので、意識的に目立つような奇抜な商材やお店のカラーを打ち出しても結構ですが、奇抜なだけではお客様はやってきませんし、売れそうなモノを手当たりしだいかき集めて並べても、何を売っているお店かわからなければ、売上げにはつながりません。

また、試験販売だから、という甘えや油断も禁物です。お客様にとっては、路上販売だろうが店舗販売だろうが、お金を払ってモノを買うことに変わりないからです。それどころか、いい加減な販売をしたら、「この程度か。やはり露店だな」と見下げられてしまいます。

このため、たとえ試験販売であろうと立地の特性や地域住民の性質を理解するとともに、近隣の同業店と差別化した商材を揃え、お店のカラーをはっきりと打ち出さなければなりません。

試験販売の目的は先ほど述べたように、これから始める商売の「コツと自信を得る」ことです。同時に、本格的に店舗を構えて商売する前の「予行練習」としてとらえましょう。

①定期的にフリーマーケットに出店してみよう

試験販売をするにあたって、フリーマーケットは絶好の手段です。フリーマーケットの本部が広告宣伝してくれるので、かなりの集客が見込めるからです。

また、日貸しで場所（ブース）を割り当ててくれるため、誰にも文句を言われることなく安心して商売ができます。

フリーマーケットの本部に登録しておくと、事前に予定開催地の情報が入手でき、予約もできるので、計画的にかなりの頻度で出店できるメリットもあります。利用料金は場所や団体によってまちまちですが、車持込みで５０００円／日からあるので、そんなに大きな負担にはなりません。

しかし、デメリットもあります。それは販売商品が限定されることです。私の知っている限り、飲食物はどこの団体でも販売禁止となっています。ほとんどの場合、出品できるのは飲食物以外の商材に限定されてしまいます。

私も過去に、雑貨や自前の持ち物などを販売するためにフリーマーケットに出店したことがありますが、気候も天気もよい行楽シーズンに1日10万円以上も売った日がありました。

出品できる商材は限定されるものの、やり方によってはかなりの利益が見込め、立派な商売になると言えます。

②車での移動販売をしてみよう

私の顔見知りの花屋さんの中には、車での移動販売のみで生計を立てている人も数多くいますが、移動販売で一番苦労することは、何と言っても固定客がなかなかつかないことだそうです。

基本的に移動販売は、曜日や日にちや時間ごとに複数の特定の場所を回るので、お客様がそれを気にかけて、場所や日時に合わせて買わなければなりません。お客様の都合や思いつきで来店できないのです。

年中無休で24時間営業のお店が増えた現在、お客様が移動販売でモノを購入するのは、そこにしかないオンリーワンの商品や、わざわざ遠方に買いに行く手間を省くためですから、それらを考慮した商材選びが重要となってくるのです。

駅前や歓楽街で夜遅くまで営業している屋台のラーメン屋、ひと昔前ブームになった、そこでしか食べられないできたてのおいしいメロンパン屋などはこの条件を満たした商材だと思います。

このように話題性や利便性を前面に打ち出さないと、なかなか固定客を獲得しにくい販売スタイルということも否めません。

ただし移動販売には、「長時間同じ場所での営業が難しい」という面もあります。基本的に、路上に車を停めて営業することは法律違反になるためです。

と言って、警察に営業許可をもらうのは難しいと言えます（地域にもよります）が、まずは警察へ相談して、営業できそうな場所やマナーなどを聞くのが賢明だと思います。

③路上販売をしてみよう

ここで言う路上販売とは、移動販売とは違い、空き地や駐車場を借りるなどして、固定された特定の場所で営業することです。この場合、屋台や車での販売もできますし、テントなどを使って仮設店舗を構えることも可能です。

地主さんと交渉して土地を借りるため、許可の面での心配はいりません。一般的なモラルさえ守っていれば、商材を限定されることもないでしょうし、工夫しだいではオリジナリティー溢れるお店作りも可能です。

ここでの注意点は、土地の賃料や期間などの契約内容をきっちり決めておかないと、後々トラブルの原因になる可能性があることです。

一概には言えませんが、地主側にとっても放置している空き地を貸して家賃収入が得られるのですから、決して損な話ではないはずです。

よい場所を見つけたら、遠慮せずに対等の立場で交渉してみましょう。

ただ、路上販売と言えども、やはり販売する商材に合った立地の選定は重要です。たとえ条件のよい場所が見つかったとしても、周辺の特性や人の流れなどをよく観察し、客層や客数、売上げなどの予想を事前に立てなければ危険です。

④一時的に空き店舗を利用してみよう

最近は長引く不況のせいか、至るところで空き店舗が目立っています。ひと昔前なら立地が悪かったり、家賃が少々割高でも次々と借り主は見つかったので、なかなか条件のよい空き店舗はありませんでした。

しかし最近では、駅前などの一等地や商店街でも空き店舗が目立っています。

一時的な空き店舗なら、持ち主も条件を変えず入居者を待つでしょうが、それが長期に渡って続くようになると家賃などの入居条件も変更せざるを得ません。

また商店街だと、一角が空くと非常に目立ってしまいます。もし空き店舗に新しい店が出店しないと、「あそこはさびれた商店街だ」と悪い評判が立ち、集客が減って、さらに空き店舗が増えてしまうという悪循環に陥ってしまいます。

こうした事情があるため、長期間空き店舗になっている物件や、商店街の物件などはこちらの都合を聞いてくれることがあります。

たとえば、短期間の賃貸契約や決まった曜日だけの日貸し契約などの条件で、一時的に空き店舗を貸してくれる可能性もあるのです。空き店舗を探して、ダメでもともとという感覚で、不動産屋や地主に一度問い合わせてみるとよいでしょう。

最近、商店街を回ってみると、決まった日ごとに空き店舗で商売している人たちに出会うことがあります。彼らはいろいろな商店街を循環して、そこの空き店舗を定期的に利用して商売しているのです。同じ仲間同士チームを組んで連絡を取り合い、数多くの商店街を交互に出店しあうこともあるようです。

そのような商売をする人たちに直接問い合わせてみるのもよいでしょう。思わぬ展開になるかもしれません。

⑤スーパーマーケットなどの一角を借りて販売してみよう

スーパーマーケットの空きスペースや駐車場の片隅を借りて、たこ焼きや焼き栗などを屋台で販売している人たちを見かけることがあります。

彼らは、そのスーパーマーケットに許可をもらっているか、賃貸契約をしている業者で、スーパーマーケットに対し、利益に見合う家賃や売上げの何%かを支払って商売しています。

スーパーマーケットという強力な集客力とネームバリューを味方につけることができるので、一定の売上げは約束されたようなものですが、スーパーマーケットに払う家賃や歩合は決して軽くはありませんので、よく考えて出店しないと利益を出すことが難しくなります。

そもそも、よほどの人脈がないとなかなか契約できないので、もしスーパーマーケットへの出店にこだわるのなら、根気よく店長や本部と交渉していく必要があります。

ただ、別の方法もあります。それは、スーパーマーケットの興味を引く魅力のある商品を販売することです。要するに、そのお店が入ることによって、スーパーマーケットにさらなる集客が見込めるような商品を売るということです。

スーパーマーケットも今は同業者の乱立で競争が激化しています。その中で勝っていくためには他店との差別化が必要なのです。

よく百貨店が「北海道物産展」や「全国駅弁祭り」などの催事を行ないますが、これは他店との差別化を図るためです。これをヒントに、たとえば「大阪風味つけお好み焼き」や「仙台名物牛タン」などを地域限定の商材にすればおもしろいかもしれません。

SHOP 3

試験販売によるメリット

試験販売をすることによって、商売の手ごたえやコツが具体的に理解できるほかにも、さまざまなメリットが発生します。ここでは、そのメリットについて見てみましょう。

①商材の特性がわかる

実際に自分自身が扱うことによって、その商材の特性を知ることができます。

私の場合、生花店の試験販売をすることによって、先ほども述べたように、予想よりもよく売れる（需要があった）ということがわかりました。

これにより、生花という商品は私が思っているよりも生活に密着した商材であることがわかったのです。

そしてさらに、次のこともわかりました。

●生花を１本だけしか買わない人は少なく、商品単価が１００～２００円であっても、１人当たりの売上げが１０００円から１５００円にもなること

●テント張りの露店販売でも、ギフト向け商品（花束やアレンジメント）の注文や問い合わせがあること
●鉢花は切花に比べて一見枯れにくく商品ロスが少ないように見えるものの、実際は逆であること

このように、試験販売することで、さまざまな商材の特性がわかりました。

これらを踏まえることにより、店舗を構えた時のお店のカラーやターゲットとなる客層や品揃えなどがより鮮明になったのです。

▼②出店に適した立地を探すことができる

業種や地域性によって、どうしても出店に適した立地が異なります。当然、駅前などの人通りの多い場所のほうがいいのでしょうが、それがすべての商売に当てはまるとは限りません。たとえば、飲食業はその典型的な例と言えます。

その理由は、飲食店が繁盛する条件は、立地よりも「味」や「値段」や「店内の雰囲気」で決まることが多いからです。

立地がよければ通りすがりのお客様を獲得しやすいでしょうし、看板を掲げているだけで大きな宣伝になります。しかし、それによって得られる売上げだけでは、よほどよい評判に

ならない限り、経営は成り立ちません。

仮によい評判が得られても、一見のお客が多いので、日々の売上げも不安定になります。

また、商品の売れ方の予想が立てにくく、ロスの原因になります。

やはり、固定客で売上げのベースを作り、売れ筋商品を軸に販売しないと経営や資金繰りは安定しません。さらに、好立地ほど同業他店が多く、客引き競争も激しくなります。

これに対し、典型的な例として、毎日行列のできるラーメン屋などは必ずしも人通りの多い好立地に店舗を構えているとは言えません。好立地どころか、探さないと見つからないほど、不便な場所で営業しているケースが多いものです。

これは、そのラーメンの集客力によります。「ここにしかない味」というオンリーワンとして強力にアピールする商材なので、固定客だけで、経営のベースが成り立っているわけです。

そして、少し立地が悪いくらいのほうが、より「口コミ効果」を誘いやすくもなります。

このように、業種や商材や販売スタイルに合った立地をいろいろ試すという意味でも、試験販売をする値打ちがあるのです。

③開店前から固定客を作ることができる

どうせ試験販売をするなら、店舗を構えようと予定している商圏内で行なったほうがよりメリットがあります。店舗を持つ前にその地域の性質がわかるので、はたして自分がここで商売をやっていけるかどうかを知ることができるからです。そして、もし手ごたえを感じたら、店舗を持った時のことを考えて、先に固定客を作ってしまいましょう。

もともと商売とは、人と人との出会いから始まります。試験販売をきっかけに出会った人たちを、そのまま開業後の店舗に誘導しましょう。お客様からすれば、あなたという人間のことを気に入れれば、テントで仮設のお店だろうと店舗を構えての商売だろうと、関係ありません。

試験販売の時点で多くのファンを作っておくと、いざ店舗を構えた時、ファンのお客様がそのまま常連客になってくれます。

④宣伝できる

これも、固定客を作ることとよく似ていますが、試験販売の時点で来店したお客様に、「近々、店舗を開業する予定です。オープンの際ご連絡させていただきたいので、もしよろしければ、お名前・ご住所などを教えていただけないでしょうか?」とお願いしておけば、店舗開業時には立派な顧客リストになります。一度購入してもらっているので、かなり強力なリストになるでしょう。

SHOP 4 店舗決定までの流れとコツ

お店を開業するきっかけや過程は人それぞれです。

ここでは特定の業種にこだわらず、まったくゼロから店舗探しをした場合の一般的な流れとコツを説明します。

まず始めに、自分がどの地域で商売をするかを決めるため、思いつくあらゆる地域をピックアップします。

一般的に商売をする上で有利な地域や立地は次の通りです。

- **田舎よりも都会**
- **裏通りより表通り**
- **人通りや車通りに面した場所**
- **宣伝力・集客力のある施設の中**

ただし、ここにあげた条件は業種により違ってくるので注意が必要です。

ポイントは、必ず足を運んでみて、自分の目と肌でその地域の特色を感じ取ることです。

関東の人が関西という土地に馴染まないことが多いように、人それぞれに地域との相性みたいなものがあると思います。このため、まずは関わりを持つ土地に合うか合わないかを知ることが大事です。

自分の足でくまなく探索し、いくつかの候補地に絞り込んだら、周辺にある不動産屋に何軒か立ち寄り、希望に合う空き店舗をピックアップしてもらいます。そして、候補物件の中からさらに絞り込むのですが、その前にまずそれらの物件がなぜ空き店舗になっているか、その理由を調査してみてください。

一般に、空き店舗となる理由には次のようなことが考えられます。

- **人通りが少なく立地が悪い**
- **方角や位置が悪く、何をするにも商売繁盛しない鬼門のような場所になっている**
- **前オーナーの業種が立地や地域性と合わなかった**
- **前オーナーが大家との家賃交渉などでもめて退店した**
- **立地には関係なく、商売以外の理由で廃業または撤退した**

空き店舗になった理由やその空き店舗の履歴を調べるには、物件を管理する不動産屋に尋ねてみるといいでしょう。また、その空き店舗周辺の住民や近くのお店の店主などに直接聞いて回ることによっても、だいたいの事情はわかってきます。

その物件の特性が理解できたら、次に、敷金や家賃・坪数や建物の具合などを聞いてみましょう。

そうすれば、その空き店舗が自分がこれから始める商売に合っているかどうかが見えてくるはずです。その際に、必要以上の妥協はいりません。もし、敷金や家賃が自分の予算より高く、交渉の余地がなければ、潔く諦めましょう。

また、たとえ予算に合う物件でも、業種と立地が合わなかったり、開業後に建物の老朽化や土地整備による立ち退きの予定があるなど、何らかの不都合が起こる可能性のある物件なら、長期の営業が見込めないので、やはり諦めたほうがよいでしょう。

自分の希望する条件にどうしても合わない場合は、決してその物件にこだわってはいけません。

心配しなくも、よい物件は後から次々と出てきます。不動産屋は契約ほしさに巧みな営業トークで攻めてきますが、実際に入居して商売をするのはあなた自身ですから、決して惑わされないように自分の意思をしっかり持つことが肝心です。

SHOP 5

店舗探しの注意点

商売を始める上で、理想の店舗を見つけるのは非常に難しいことです。

仮に立地も坪数も理想通りの物件があったとしても、家賃が高かったり、紙一重で先に契約されてしまったりなど、なかなかうまくいかないものです。たとえるなら、お見合いで条件がすべて一致する結婚相手を探すようなものです。

私の場合、生花店を始めようと決意し、初めて不動産屋さんを訪ねてから、店舗が決定するまでに、なんと1年近くの時間を費やしました。

しかし、そのおかげで、自分の納得のいく店舗が見つかりましたし、その間にじっくり事業計画を立て、業界や業種の勉強をし、仕事（前職）をしながら試験販売を試みることもできました。

いずれにしても、すぐに納得のいく物件には出会うとは限りません。すべては「タイミングと縁」だと言ってしまえばそれまでですが、確実に言えることは、１００％完璧な相手（物件）は存在しないということと、結婚（商売）してみないと、いいか悪いかの結果はわからないということです。

それでは、店舗探しの注意点を述べていきましょう。

①自分の足で見つけること

当然のことですが、商売の舞台となる大事な店舗を他人まかせにしては、よい物件が見つかるはずがありません。

また、店舗を探す場合、多くの人が不動産屋を利用すると思いますが、不動産屋の情報をそのまま鵜呑みにしてしまうのは危険です。不動産屋側からすれば、自分に都合のよい物件（借り手のつかない物件や利益の上がる物件など）をすすめることがあるからです。

こう言ってしまうと、「不動産屋の情報は無駄だ」とか「不動産屋の情報を信用してはいけない」と誤解されてしまいそうですが、やはり不動産屋は物件探しの専門家ですので、有益な情報やお値打ちな物件も多く持っています。

しかし、そうした情報や物件はいつもあるわけではありませんし、あってもすぐに借り手が見つかってしまうため、出店地域が決まったら、その地域の不動産屋を何軒か回ってみて、まずは名刺交換をしておくことをおすすめします。そして、こちらの事情や希望する条件を伝えておき、それに合った物件が出てきたら、ＦＡＸや電話をしてもらうようにしておきましょう。

もし連絡がなくても、定期的に自分から顔を出し、親密な関係を築いておきましょう。すると、よい物件があれば、優先して情報を教えてくれるかもしれません。

不動産屋にすべての情報が入るわけではありませんから、暇があれば市場調査も兼ねて、自分の足で物件を探してみましょう。

何も、今現在の空き店舗だけが候補物件ではありません。「どう見ても流行ってないし、閉店も時間の問題だな」という現在営業中の物件や、何かの理由で近々閉店する予定の物件などを発見できる可能性もあります。

そういう情報を聞きつけたら、不動産屋やそこの家主に連絡をもらえるよう手はずを整えておくと、優先してその物件を紹介してもらえるでしょう。

私は、実に数多くの不動産屋を回って物件を探したのですが、結局今の店舗は自分の足で見つけました。

「テナント募集」の張り紙もないシャッターが閉まったままの物件の持ち主を聞き出して会いに行き、直談判しました。その時、すでに5～6件の問い合わせが入っていたものの、持ち主は誰かに貸す気はありませんでした。

しかし、持ち主に直談判をしたのは私だけで、その熱意に心打たれたらしく、物件を借りることができたのです。

このように不動産屋まかせで受身にならず、率先して探すことで、思わぬよい物件と出会うことがあるのです。

②決して慌てて決めてはいけない

よく考えずに焦りや勢いで店舗契約を交わさないようにしましょう。契約してしまったら、もう後戻りはできませんから、店舗の決定は慎重に行なわなければなりません。

不動産屋や貸主は当然借りてほしいので、「こんなにいい条件の物件はないですよ」「これ以上よい物件は見つからないかも」、もっと焦らせるために「実はほかにも借りたいと希望されている人がいるので、早く決めないと契約されてしまいますよ」などと言うものです。

しかし、ここで安易に話に乗ってはいけません。開店してみないと結果はわかりませんが、仮にどんなに甘い言葉で口説かれても、商売するのはあなたなのですから、不動産屋の話を鵜呑みにせず、あくまでも自分の判断で店舗を決定してください。

③候補物件を前にして妥協や過信をしてはいけない

物件を絞り込んでいくと、自分の商売が現実味をおびてきて夢が膨らむことから、妥協や過信が発生しがちです。

「これ以上物件を探してもキリがないので、この物件にしておこう」という妥協や、「あまりよい物件と言えないが、私の努力でなんとかやっていけるだろう」という根拠のない自信で店舗を決定するのは危険です。

やはり候補物件が見つかったら、周辺の地域性や特性を調べてみましょう。そうすることによって、初めてその物件が自分に合うかどうかが理解できるのです。候補物件を目の前にして、決して根拠なしに妥協したり、自分を過信してはいけません。

④閉店した後の物件に同じ業種の商売をしても繁盛しないか？

よく飲食店やブティックなどが、閉店した同業店舗を借りて開店する場合がありますが、これには注意が必要です。

もしそういう物件を借りる場合は、まず前オーナーの撤退理由を知ることが重要です。もし撤退の理由が売上げ不振だったら、その原因を調査しなければなりません。品揃えが悪かったからなのか、値段が高かったからなのか、店員の愛想が悪かったからなのか、商材と立地が合っていなかったからなのかなど、さまざまな角度から原因を調べてみましょう。

原因をよく理解した上で、自分の経営戦略がそれをクリアできると確信できたなら、自信を持って候補物件のひとつにしてもよいでしょう。

私の場合も、前オーナーが生花店でした。私が店舗を探すため、さまざまな地域を自分の足で回っていた時点では、その物件はまだ営業していたのですが、次に来た時にはもう閉店していたのです。この物件は私にとって、坪数も立地条件も、まさしく理想の物件でした。

でも私は、その物件にすぐには飛びつかず、まず地域の性質を調べると同時に、なぜこの生花店は閉店してしまったのか、近所の住民や商売している人たちに聞いて回りました。

その結果、この生花店は売上げ不振などが原因ではなく、持ち主との家賃交渉がうまくいかず、契約の継続が破談になったことが閉店の理由だと判明したのです。売上げ不振どころか、その生花店は小さいお店のわりに結構繁盛していたこともわかりました。

このように、閉店した業種と同じ商売をしても繁盛しないとは、一概には言えないのです。

しかし、たまに見かけるのが、短期間に何代も入れ替わる物件です。オープンしたかと思えば、半年ぐらいで閉店してしまうという現象が何代も続くのです。このような物件は、どんな商売をしてもなかなか繁盛しない大きな理由があるはずです。

理由はさまざまでしょうが、なんとなく入りにくいお店ってありませんか？　店の雰囲気や品揃えが原因ではなく、なぜかわからないが入りにくいお店……。

そんな物件は、せっかくのあなたの努力が実を結ばない可能性が大きいので、よほどの理由がない限り避けるべきです。

⑤居抜きの物件のメリットとデメリット

「居抜き物件」を使うというのは、前の借り主の内外装や設備をそのまま使用するか、少し改装して開業する方法です。

居抜き物件は開店時の内装費や設備投資を非常に低く抑えることができるものの、注意も必要です。それは、開業資金を低く抑えることができる反面、店舗にこだわりやオリジナリティーが欠けてしまうデメリットがあるからです。

基本的に前オーナーの内外装をそのまま使用するため、お客様や周りの人たちには、新規開業したように思われにくいようです。

前店と同じ業種であれば、見た目も店内もほとんど同じなので、オーナーが替わったことすら気づいてもらえないでしょう。これではせっかくオープンしても、店舗に新しさを感じてもらえません。

また、前店の設備をそのまま使用するため、いざ開業した後、使い勝手の悪さが出てきたり、どうしても気に入らない箇所が出てきてしまうものです。

一方で、前オーナー時代からの顧客を引き継ぎやすいというメリットもあります。

⑥出店地域の特徴や性質を理解しよう

さきほども少し触れましたが、出店地域の特徴や性質を理解するには、その地域の不動産屋に聞くことが一番てっとり早い方法です。

しかし、不動産屋はあなたの業種と同じ目線で話はできません。おおまかで一般的な見方しかできません。ましてやすすめる物件を契約してもらうことが商売なのですから、決して話を鵜呑みにせず、最後は必ず自分で判断しましょう。それには、実際に自分の足で周辺を調査しなければなりません。

調査のポイントとしては、次のことがあげられます。

●商圏内の同業店の調査

いくら需要が見込めても、商圏内に同業店が乱立していては売上げも分散してしまいます。ただ、仮に同業店が乱立していても、その業種で違う商材や少しニッチな部分で勝負することは可能です。

コーヒーのおいしい喫茶店が多い商圏で、紅茶やケーキを売りにした喫茶店を出したり（違う商材で勝負する）、雑貨店が多く集まる商圏でインドやベトナムの雑貨だけを扱う（ニッチな専門店で勝負する）というように、他店と違う部分で勝負すればよいのです。

●人の流れ

天候・曜日・月日・時間など、さまざまな角度からの人の流れとその質（学生や主婦など）

●**その他**

商業地・住宅地・工業地なのか？
所得層は高いか低いか？
外部の人間を受け入れてくれる土地柄か？
治安はよいか？

これらはほんの一例にすぎません。

調べるポイントは業種や商材によって違ってくるので、細かく根気強く幅広い観点から調査してください。

SHOP 6

事業計画書の必要性と作り方

――事業計画を立ててみよう

「こんな商売をしたら儲かるだろうな」「こんな商売をやってみたい」と夢を思い描く人は多いものですが、それを現実に行動に移す人はほとんどいません。

その理由は、リスクを恐れるとともに、何から始めればいいかがわからないからです。何ごとも頭の中で考えているだけではすぐに忘れてしまいますし、漠然としていることも多いものです。

そこで、まずは事業計画書を作成しましょう。自分がこれから始めようとする商売を具体化して士気を高め、実現させるためにも、事業計画書は大切な役割を担います。

事業計画書を作成することによって、夢と現実を照らし合わせ、改善や修正する点が見つかります。また、具体的な売上げ予定や経費・仕入れのシミュレーションをしていく中で、どうすればよいかという方向性も自ずと見出せます。

さらに、「これは商売として成り立たないな」「こうすれば、もっと利益が出るんじゃないか」といったこともわかってきます。

事業計画書はあくまでも紙上での作業になりますが、だからと言って自分の理想ばかりを追求したり、いい加減な数字を並べてはいけません。

今では、インターネットで検索したり、専門書などで調べれば、たいがいの業種や業界の詳しい情報は手に入ります。それらの情報に照らし合わせて、現実味のある売上げや経費・仕入れなどを計算しなければ意味がありません。開業するというのは、ゲームや漫画の中の話ではないからです。夢や希望を持つことはとても大事なことですが、決して「捕らぬ狸の皮算用」にならないように注意してください。

さて、事業計画書の作成方法ですが、これには特定の形式に則ったキッチリしたものから、メモ書き程度の簡単なものまで、さまざまなものがあります。

大きな書店へ行けば、事業計画書の書き方を解説した本がたくさん並んでいるので、それにならって書き進めていけば、形式が整った事業計画書ができ上がることでしょう。

しかし、どんなにすばらしい事業計画書ができても、専門用語や図式・計算ばかりだと、格好はいいかもしれませんが、難しくて作成した本人ですら理解しにくくなります。必要以上の専門知識や用語は使わず、要は、誰が見てもわかりやすいものを作りましょう。

この点を踏まえた上で、事業計画書の作成に必要なポイントを示すと、次のようになります（詳しくは、巻末の私の事業計画書を参考にしてください）。

①起業の経緯・経営戦略
商売を始めるきっかけ
商売の特徴や営業方針

②店舗形態・概要
坪数や立地条件など
店舗名や営業時間など

③具体的な取り扱い商品やサービスの説明
商品名・価格・仕様など

④売上げ予定
月別売上げ・粗利益率・平均客単価や客数など

⑤市場の情勢や展望
業界の動向や予想される動きなど

⑥損益計算など
営業損益見積書・開店資金の明細書など

⑦その他
セールスポイントや仕入れ先など

SHOP 7

まず自分自身を理解する——開業資金について

起業するには必ず開業資金が必要ですが、みなさんはそのことを漠然と考えていませんか？「どんな小さな店舗でも、開業するとなったら1000万円は必要らしい。そんな大金持ってないし、借りるアテもないから、僕には起業するのは無理だ……」という具合に、他人から聞いた抽象的な話を鵜呑みにしているのではありませんか？

しかし、商売をしようとするなら、こうした漠然とした理解ではなく、もっと具体的にお金の問題をとらえる必要があります。そこで、これからあなたに質問しますので、ひとつずつ答えてみてください。

▼「あなたはいったいどんな商売をしようと考えていますか？」

商売をするなら、まずは業種や商材を決めなくてはなりません。「自分は○○屋になりたい！」——この気持ちから起業が始まるのです。

そして、起業するからには、自分の理想や夢だけを追いかけず、時流に合った成長の見込める戦略や営業方針を立てなければなりません。それらを計画することによって詳しい資金計画ができ上がるのです。

「その商売の規模はどれぐらいですか?」

たとえ同じ業種でも、会社や商店によって商売の規模はさまざまです。同じ生花店でも、私のように1人で運営する小規模の商売もあれば、日比谷花壇のように全国展開の大企業もあります。一般に、規模が大きくなるほど開業資金も大きくなります。

まずは、最初から組織として人を雇い、それなりの規模で始めるのか、1人で始めるのかを決めましょう。それによって同じ業種でも、開業資金がかなり違ってきます。

「その商売を始めるにあたって、必要な費用を一つひとつ具体的に書き出せますか?」

今では店舗開業に関する情報は書籍やネット上に溢れています。たとえ初めて起業する人でも、それらの情報は入手できるはずです。

集めた情報の中から、自分に必要で有用な情報を探すのは大変ですが、情報を集めていくうちに、具体的に何が必要か? それはいくらかかるのか? などが見えてきます。それらを積み上げていけば、起業するのにいくら必要なのかがわかってきます。

▼「あなたは今、どれだけの預貯金がありますか？」

公務員やサラリーマンなら、真面目に勤務していれば、１人前の報酬が手に入りますが、私たち商売人が報酬を得るには、と言うより仕事をするためには、必ず資金（仕入れや設備）が必要になります。ましてや開業となると、自分の仕事場（店舗）・設備・道具・備品・材料に至るまで、すべて一から揃えなければなりません。

さらに、投資したお金は3〜5年で回収しなければなりません。たとえ全額を自己資金で賄えたとしても、投資したお金は必ず回収しなくてはなりません。

自己資金なら回収に何年かかろうが、もとは自分の資金なので問題ありませんが、借り入れとなるとそうはいきません。決められた期限には返済しなくてはなりませんし、金利も払わなくてはなりません。

この負担から逃れるために、本来は自己資金１００％が望ましいのですが、起業時に資金的に余裕のある人は、そういるものではありません。むしろ、貧乏生活から脱したいために起業する人が多いので、お金がないケースのほうが多いと言えます。

しかし、少しでも自己資金の割合を増やし、借り入れの負担を減らすに越したことはないため、できるだけ自己資金をたくわえ、それを利用するようにしたいものです。

▼「あなたは今、家や車などの個人資産はありますか？」

先ほどの自己資金の話の続きになりますが、現金がなくても、個人資産があれば強い味方になってくれます。私も開業時、自己資金はほとんどありませんでしたが、自家用車がありましたので、それを売却して開業資金にあてました。

このように、自分の資産で現金化できるものがあれば、率先して開業資金に使いましょう。自宅など、すぐに現金化しにくい資産でも、担保として使えば強い味方になってくれます。銀行などの金融機関から融資を受けやすくなるからです。

▼「力を貸してくれる、パートナー（夫婦など）や親族、友人知人はいますか？」

銀行や国民金融公庫などから融資を受けるためには、必ず連帯保証人が必要となります。友人知人はさておき、夫婦や親族などは困ったとき力になってくれるものです。

私は過去に親の連帯保証人になって嫌な思いをしているので、「決して相手を無理に説得して保証人になってもらいなさい」とは言えません。

しかし、相手に損得抜きであなたを思いやる気持ちがあるなら、おそらく判を押してくれるでしょう。ただし、あなたに惚れて信用した相手を絶対に裏切らないでください。これだけは守ってほしいのです。自分で借りたお金は、必ず自分の力で返さなければなりません。

それが社会人としての常識であり信用ではないでしょうか。

最近、安易に自己破産をする人たちがいますが、免責が下り時間が経ち、仮に本人が社会復帰したとしても、連帯保証人は債務を一生背負っていかなければならないのです。みなさんには、このことを肝に銘じて借り入れをしてほしいと願います。

SHOP 8

さまざまな資金調達の方法

ここでは、起業する際に一番の障害になる「開業資金」の調達のコツと注意点について見てみましょう。

本来は、自己資金１００％で開業できればベストですが、現実にはそういう人は少ないと思いますので、いろいろなパターンの資金調達を私なりの見解も混ぜながら説明していきます。

①親・兄弟・知り合いから借りる場合

親は自分の子供に対して損得抜きで愛情を注ぐものですから、仮に親から借金して返済できなくても、それによってどうこうなることはあまりないと思います（さまざまな家庭環境があるので断言はできませんが）。

しかし、兄弟・知り合いから借りる場合は注意が必要です。大きいお金を動かす商売なら、短期間で一括返済も可能でしょうが、１人で始めるショップ経営では、それはとても無理な話ですから、借りるとなるとどうしても長期間の分割返済になってしまいます。

兄弟や知り合いから借りた場合、その間はどうしても相手に頭が上がらなくなってしまいますし、友人なら、今まで築き上げてきた人間関係が破綻してしまう恐れもあります。

また仮に、借りた資金で始めた商売が当たって繁盛でもしたら、「儲かったのも、私がお金を貸したおかげ」と、たとえ借金を完済した後でも言われるかもしれません。これでは借りたことによって、後々までしこりとなって残ってしまいます。

このようなことから、もし兄弟や知り合いから借りる場合は、注意が必要です。

②公的機関から借りる場合

わが国にはさまざまな公的機関や団体が、開業支援などを名目に低い金利で融資を行なっていますが、それらはインターネットで検索したり、多くのビジネス書を見れば簡単に知ることができるので、ここではあえて触れません。

公的機関が銀行と異なるのは、融資決定の判断基準を担保や返済能力よりも、その人の熱意や誠実さや企画力などに重点を置く点です。

ただし、国民金融公庫のようにいくら熱意や誠実さや企画力を見せても、希望融資額と同じだけの自己資本（500万円の商売をするなら250万円の自己資金を提示）と第三者の保証人（私の場合2人必要でした）が求められることもあります。

③銀行から借りる場合

銀行というと、預金を守ってくれ、車や家を買う際に低金利で融資してくれるとても親切で安心なイメージがあります。

たしかにその通りなのですが、私のこれまでの経験では、「したたかで義理人情が薄い」というイメージしかありません。銀行というのは、少しでもリスクのある商売は絶対にせず、基本的に資産を持っている人にしかお金を貸さないのです。そこでは相手の人柄や熱意は通用しません。融資金額以上に価値のある資産や保証人を提示しなければ相手にもしてくれません。

このため、預金も資産も立派な保証人もない人は、まず銀行での融資は諦めてください。もし銀行からの借り入れを希望するなら、まずはその銀行に預金を増やしていき、実績をつけた上で話をするようにしましょう。

④その他の業者から借りる場合

公的機関や銀行以外で借り入れする方法として、商工ローンや消費者ローンがあります。

最近は大々的にテレビCMでピーアールする大手商工ローンも増えてきて、利用者も借り入れしやすくなってきています。

運転資金が少し不足した時の一時しのぎで利用するのならまだいいのですが、多額の開業資金を長期に渡って借り入れする場合は絶対に利用してはいけません。

その理由は、金利が極端に高いからです。この業界の貸付金利は年利15～28％以上が一般的ですが、よほどの実績がない限り20％以上の金利を要求されます。また、少額返済なので、なかなか元本が減りません。よほどまとまったお金を用意して返済に回さない限り、完済するまで何年もかかってしまいます。

また、なまじ定期返済を続けていると、実績（信用）がついてしまい、借り入れ枠を増やしたり、金利をほんの少し減らし追加融資をすすめるなど、利用者を誘惑することから、常にこれ以上借り入れを増やさないように気を引き締めていないと、さらなる借金をすることになるので注意が必要です。

どんなに利幅があり儲かる商売をしていても、こういう機関から多額に借り入れると、せっかく得た利益が返済で消えてしまうので気をつけましょう。

⑤出資者（スポンサー）を募ってみる

みなさんが意外と考えつかず、実践しない資金調達の方法が、出資者を募るという方法です。

「そんなお金持ちの人脈なんてないし、友達にも言いにくい」という人がほとんどだと思いますが、私たちが目指すのは小規模経営の「1人のお店」なのですから、目が飛び出るほどの高額な資金は必要ありません。500万円もあれば十分開業運営できるのです（ちなみに私は300万円でおつりがありました）。

このため、あなたの人望が厚ければ、このくらいの金額なら出資してくれる人がいるかもしれません。

また、出資者を1人に限定せず、複数の人に声をかけてみてはどうでしょう?

仮に必要資金が500万円なら、10人集めれば1人50万円ですみます。実際は自分1人で経営しておいて、出資者には「共同経営感覚で出資してもらって、儲けが出れば月々配当金を渡します」と言っておけば、自分のリスクもありません。

出資してもらうには、いろいろな形があるとは思いますが、大事なことは、基本的にはお金は返さなくてもよいという条件をつけることです。

儲けが出たら、配当金として利益を分配してもいいでしょうが、へたに配当金のことを誇張して、儲け話のようになるとマルチ商法と同じように、後々トラブルの原因になったり、詐欺行為として訴えられてしまいます。

出資者には、くれぐれも出したお金は返ってこないものだと理解してもらう必要があるのです。

5章

いよいよ開店

SHOP 1

開店までのスケジュールを立てよう

――開店準備のコツとポイント

店舗が決定したらさっそく、開店の準備に取り掛からなければなりません。

さまざまなケースがありますが、店舗の賃貸料の支払い開始は、契約月からの日割り計算か、翌月の1日からの月家賃からという場合が多いと思います。

ここで注意すべきことは、開業前の開店準備期間中にも家賃がかかっているということです。このことは意外に見落としがちなので注意してください。つまり、開店準備が長引くほど、無駄な家賃が増え、経費の無駄使いになってしまいます。

そうならないためにも、事前に開店までのスケジュールを立てておかなければなりません。まず最初に決める事項は、「開店（オープン）日」です。これを決めないと、段取りが組めませんし、宣伝もできません。

しかし、開店日はやみくもに決定すればよいというものではありません。現実的に不可能なオープン日を宣伝してしまうと、開店当日からいきなり信用を落とすことになりかねませんので、途中で変更しなくてもいいように、余裕を持って開店日を決めましょう。

慎重になりすぎて、2ヶ月も3ヶ月もの長い期間を設定するのは無駄ですが、逆に1週間ぐらいでは、よほど順調に進まない限り準備万端にはいきません。

具体的には、約1ヶ月間までが一般的な開店準備期間と考えてください。

開店準備は店舗や業種によってさまざまで、店舗が居抜きの状態なら、2週間もあれば十分にオープンまでに間に合うでしょうが、スケルトン（未内装の状態）なら大掛かりな工事が入るので1ヶ月でも決して長くないでしょう。

また、仮に内装工事に時間がかかるにしても、その期間中に並行してできることはたくさんあるはずです。そのためにも、店舗が決まったら具体的なスケジュール表を作成しておきましょう。

これによって、開店までの作業や段取りの抜け落ちを防げるとともに、短い期間で開店準備を終わらせることができます。

その他、開店準備までのコツと注意点として、「できることはすべて自分でやる」気持ちが大切です。

これから商売を始めるにあたって、他力本願になってはいけません。ましてや1人でショップを経営するならなおさらです。すべての業務と責任は自分1人にかかっているのです。

また、内外装工事などに関しても、すべて業者に依頼する必要はありません。業者に依頼すると当然、その分の費用がかかるため、できることはすべて自分でするべきです。

私の場合、居抜きの物件でしたので、大がかりな工事は行ないませんでしたが、内装に関しては傷みが激しく、そのまま使える状態ではありませんでした。

自分で内装工事を試みようと考えたのですが、こういう分野にまったく未経験でしたので、大工経験のある親しい友人に手伝ってもらいました。

ホームセンターで材料を購入し、あとは友人にまかせました。ちなみに、友人にはラーメンを1杯おごっただけですんだので、格安の工事費となりました（友人ってありがたいです）。

外壁やシャッターなどは、塗装業の知人にお願いして、使わなくなった余りのペンキを無料でもらい自分で塗装しました。こうして自分自身で作り上げたことによって、無駄な経費を減らすことができた上、開店前から店舗に愛着を感じるようになりました。

お金さえかければ、誰にでも綺麗で立派なお店は造れます。しかし、自分でできることは自らの手で行なうことでコストを削減でき、やる気も増してくるので、できるだけ自分で準備することをおすすめします。

開店準備期間中に忘れてはならないこと。それは「近隣の住民と接触を持つこと」です。内外装工事や商品搬入などで現場（店舗）で作業をしていると、よく通りすがりの人や近所の方から興味深々という目で見られたり、何の商売を始めるの？　と聞かれます。

☆開店準備スケジュールの例☆

月　日				
3／1	入居開始			
2	内外装工事開始			
3	↓	店内名・ロゴ・看板製作		
4	↓	↓		
5	↓	↓	展示棚・什器発注	
6	↓	↓	↓	
7	↓	↓	↓	
8	↓	↓	↓	
9	↓	完成・取りつけ	↓	仕入れ先などの取引交渉
10	↓		↓	
11	↓		↓	
12	工事終了		↓	
13	電気水道関係		搬入・設置	
14				備品・消耗品購入
15				↓
16		商品搬入・加工展示など		
17		↓		
18		↓		
19	開店前の最終チェック			
20				
21	開店日			
22				
23				
24				
25				

そういう人たちは、近隣の住民や知人にいち早く情報を伝えるものです。こうした口コミは、新聞広告などよりもはるかに効果があります。しかも無料です。

ですので、開店準備期間中に、近隣の住民と率先して会話をするようにしましょう。これによって、自然にお店を宣伝できます。

私も当時、近隣住民との接触を意識し、最大限に活かしました。あえて早い段階で生花を購入し、わざと通行人に見えるように置いておいたのです。

すると通りを歩く人たちに、「花屋さん始めるの？」「いつ開店？　○○は販売する？」などと、毎日聞かれました。

なので、チラシをばら撒くヒマがあるのなら、開店準備のかたわらでこうした準備を心がけてください。店舗が決まったら、早い時期に遠くからでも目につく大きな告知ポスターをお店に貼りましょう。そうすれば、近隣住民との接触の場は確実に増えます。

すべての方に声をかけられるはずはありませんし、また聞かれることもありません。できる範囲で接触すればよいのです。それにより、多くの方に宣伝することができるのです。

こういうちょっとした努力により、オープンするころには、チラシや広告も配っていないのに、お客様が次々に来店することになるでしょう。きっと驚くに違いありません。

SHOP 2 どんな店舗にするか

①機能的で能率的な配置と設備

当然のことですが、「1人のお店」を運営していくということは、すべて1人で業務を完了させることです。あえてイメージするとすれば、戦闘機を操縦するパイロットのように、すべての作業を1人で座ったままするような感じと言えるでしょう。

毎日、予定通りにことが進めばいいのですが、店舗業務には、日々予想もつかない事柄が発生しやすいものです。

当日、急に思ってもいない予約が殺到したり、お客様が1人来客したとたんに、それまで暇だったのに急に次々とお客様が来店して忙しくなることも多々あります。そこで、自分のからだを最大限に使えないとキャンセルや機会損失につながります。

そうならないためには、無駄な作業や行動をできるだけ省くことと作業のスピードアップが必要です。

作業のスピードは、よほど不器用な人でない限り、日々の鍛錬と慣れで十分に向上し、能率よく動くことができるようになるものですが、無駄な作業や行動をできるだけ省くには、店舗内の作業スペースや展示の配置などを考慮しなくてはなりません。

使用頻度が高い備品や道具の配置や、売れ筋商品の効率的な加工方法や販売方法を考えてみる必要があります。

少し変更するだけでも劇的に作業の効率がアップするため、使い勝手が悪かったり、仕事の能率が悪い配置を見つけて、日ごろから修正・改良するようにしましょう。

②親近感のある店・買い物しやすいお店作り

店舗販売は自ら営業をかけにくい「待ち」の商売ですから、「一見の客」を増やせるようなお店作りをしなければなりません。

そのためにはまず、敷居の低いお店作りを心がけましょう。敷居が高いと感じられるお店では、初めてのお客様はなかなか来店しにくいものです。

会員制のお店なら多少敷居が高くてもいいのですが、そうでないなら常連でなくても気軽に店内に入れるような雰囲気にして、店内は商品が選びやすい配置にしたいものです。

そのための工夫のひとつに、「店舗の入口」作りがあります。実は私のお店は「店舗の入口」がなく、正面の間口はすべて商品陳列スペースになっています。それどころか、商店街

著者が経営する生花店――店舗入口がなく、間口いっぱいに商品を展示している

の通りにまで商品がはみ出しています。このため、道を歩く人の目に飛び込んでくるとともに、すぐに手の届く範囲に商品が並ぶことになります。

こうすることによって、お店とお客様の距離を縮めて親近感を持たせているのです。

広いお店なら商品管理も大変です。しかし、ワンマンショップは小さい店舗が基本です。商品の展示スペースも限られてきますが、逆に商品管理は楽になります。店頭に多くの商品を並べることができるのも、小さな店舗ならではのことです。

SHOP 3 お客様対応のポイント

「1人のお店」では売上げを向上させることよりも、1人で仕事をこなすための努力や工夫が大切です。いくら多くの注文を取ってきても、1人でそれに対応できなければ意味がありませんし、お店の信用がなくなってしまうからです。

店舗を運営していると、お客様からさまざまな問い合わせや注文が来ると思いますが、その際に注意すべき点を以下に示します。

①安請け合いをしない

お客様にいい顔をしようとなんでもかんでも注文を受けてしまってはいけません。

またどんなにいい注文が来たとしても、必ずそれに対応できるかどうかを考えてから受けるようにしましょう。

たとえば私の場合、店舗営業中の商品配達はすべて断っており、できるだけ営業時間外に配達させてもらうようお願いしています。1人で運営しているので、営業中は店から離れることができないからです。

また、一見ありがたいと思われる大量注文（たとえば2日後に花束200個など）の問い合わせなどもすべて断っています。

もし、納期が1ヶ月20個ずつ×10ヶ月の分納だったり、支払いを先にすませていただいているなら別ですが、そうでないと納期内に収めることができなくなったり、掛売りだと多額の仕入れ金が必要になり、資金繰りが悪化してしまうからです。

▼②専門外の注文を受けない

専門外の注文を何でも受けてしまうと、お店のカラーがなくなってしまい、専門店としての存在感が薄くなって、「何でも屋」と化してしまいます。また、専門外の商品は利益率が低く、手間暇がかかることが多いので、メリットもありません。

やはり「餅は餅屋」です。ほかのことはその道の専門家にまかせて、自分の専門を貫き通しましょう。そうすることで、お店のカラーがより際立ち、専門店として安心してお客様が来店できるようになるのです。

③ターゲットと違う客層を相手にしない

1人でお店を運営していくためには、客層をできる限り絞らなければなりません。すべての客層を相手にすると、からだがいくつあっても足りませんし、無理な注文も受けることになるので、お客様の欲求を満たすことができなくなるからです。

そして、利益率が低下してしまい、ただの「骨折り損のくたびれ儲け」になってしまうのです。

わざわざ来店して予約注文や問い合わせをしてくれたお客様には感謝しなければなりませんし、それを断るにはかなりの勇気が必要ですが、商売は決して自己満足だけでは成り立ちません。

私のお店は、ディスカウント店でも高級店でもありませんから、すぐに値切ってくる方や安さだけを求めてくる方などは相手にしませんし、逆に技術やセンスを重視する方にも対応していません。あくまでも、良質で鮮度のよい生花を適切な価格で提供しているのが私の店だからです。だから、それ以外のものを求めるお客様はすべてお断りしているのです。

「お客様はみな神様です」と、来店した人すべての要望を満たす必要はないのです。

SHOP 4 開業時の営業のポイント

店舗販売では、外回りの営業マンのように自分から営業をかけることはあまりありません。営業をかけるほど高価な商品を取り扱うことが少なく、営業経費をかけていたのでは採算が取れないからです。

特に1人で経営する場合、お店の営業時間中は店主自らお店を切り盛りしなければならないため、営業活動に時間を割くゆとりはないのです。

店舗販売の基本は、店舗から半径数キロが商圏となります。よほどの希少価値がない限り、遠方のお客様に営業や宣伝をしてもなかなか来店にはつながりません。

店舗販売の営業はどうしても口コミなどに頼り、地道な活動になります。

では、店舗販売の営業は自然の流れに身をまかせるしかないのでしょうか?

①あいさつを心がける

ひとつの方法として、店舗販売の特性を生かすという手があります。たとえば、「あいさつ」です。

みなさんは、たかが「あいさつ」と思われるかもしれませんが、これがかなり重要な営業の手段になるのです。よほど特殊な商材でない限り、店舗販売の固定客や常連客になる方は、その店舗の商圏内が生活範囲になっています。ということは、未来の自分のお店の固定客や常連客は、日常的にお店の前を行き交っていることになります。ただ、あなたのお店の前を通っても商品を購入するきっかけがないだけです。

仮に希望するモノがあなたのお店にあったとしても、一度も購入したことのないお店では買いにくいので、ついつい過去に購入経験のあるお店に行ってしまうものです。そこで、「お店と通行人」の関係から「お店とお客様」という関係にするために、店主自ら率先して通行人に「あいさつ」をしてみましょう。

「この人は私のお店の客層に見合う人だから、あいさつしておこう」などと考える必要性はありません。お店の前を通る人なら、誰でもいいのです。肝心なのは、より多くの人に声をかけることです。

そうすることによって、通りがかる人たちは「あなたと顔見知り」となり、親近感と好感を抱くようになり、それがやがて来店するきっかけになります。

仮に来店しなかったとしても、声をかけられた人はあなたのお店の宣伝をしてくれます。

「あの○○屋さんの店員さん、感じのいい人だから、何か用事があったら行ってあげて」となるわけです。要は、「モノを売るより先に自分を売れ！」ということです。

▼②仕入れに手を抜かない

次に大事なことは、「商品仕入れに手を抜かない」ことです。お客様はそのお店が魅力的で自分の興味に合っているかどうかを一瞬で判断します。

このことは、自分に置き換えればわかると思いますが、洋服を買いにショッピングモールへ行った時、たくさんのお店から自分に合ったお店を探しますが、そこでいちいち１軒ずつお店に入ってじっくり商品を見たりしません。

そんなことをしていたら、全部のお店を見ることができないし、キリがありませんから、店舗を店外や店内から見て一瞬で判断します。

「店構えが高級そうだな」「ここのお店は、品揃えが少ないな」といった具合です。

このことは、あなたのお店にも言えます。黙って通りすぎる通行人ですら、無意識のうちにそのお店のイメージを頭の中に焼きつけているものなのです。

「最近、ここのお店の商品数が減ったような気がするな」などのイメージです。

暇な時期だからと言って商品数を極端に減らしたり商品の質を落としたりすると、お店のランクを落としかねません。そして、お客様の質まで下がってしまいます。

どんな理由があろうと、商品仕入れに手を抜いてしまうと、急激なお客離れにつながるので絶対に避けるべきです。

③販売時の「ひと言」

そして最後に、販売時にひと言添えることです。これは先に触れた「自分を売る」ことと似ていますが、販売時のひと言は大事な営業となります。

お客様は何も、ただほしい商品を購入するためだけに来店するのではありません。これだけ世の中にモノが溢れている中で、わざわざあなたのお店に来店する理由は、立地や商品力だけではないのです。人は立地的な利便性を除いて、同じ商品で同じ値段なら、お気に入りのお店で買い物をするはずです。

それどころか、少々値段が高くても、それが自分の許容範囲ならやはりお気に入りの店で買い物をするでしょう。さらに、そこにお気に入りの店員がいればなおさらです。

現に、私のお店には値札がほとんど存在しません。主要な商品を除いて、値段を表示していないのです。

それでも、お客様は何の抵抗もなく、値段のわからない商品を買っていきます。そして面白いことに、値段を表示してもしなくても、売れ行きはまったく同じです。なぜだかわかりますか？　私のお店に来店するお客様にとって、値段はあまり重要ではないからです。値段よりも商品の質のよさで来店してくれているのです。

また、決して高い値段をつけないという私の気質も知ってもらっているため、安心して買っていただけるわけです。

人間はほしいものをすべて効率よく買い物するとは限りません。せっかく来店して購入してくれたお客様の〝お気に入りのお店〟にしてもらう努力をしましょう。そのひとつが、「販売時にひと言添えること」なのです。

商品力だけを頼りに営業していると、なかなか繁盛店にはなりにくいものです。「味は最高においしいが、店主が頑固者のお店」より「味は最高で愛想もよい」ほうが絶対に繁盛します。

私が毎日心がけているのは、一見のお客様であろうと常連のお客様であろうと、商品を購入してもらった際には、必ずそのお客様に何かひと言添えることです。

「この商品は〇〇だから気をつけてくださいね」とか「今日はお昼から雨だから早く帰ったほうがいいですよ」など、何気ないことでいいので、必ず商品とともにひと言添えてお客様との距離を縮めて、お気に入りのお店になる努力をしているのです。

SHOP 5

1人経営のツボ

商売に対する意気込みや取り組み姿勢は十人十色ですし、同じ人間でも、開業したばかりの時期と5年～10年と経過した時期とではまったく変わってきます。

私の場合も、開業当初はやる気と気合いが十分備わっていて、休みや寝る間も惜しんで仕事をしたものでした。しかし今では、仕事の能率や体の負担も気にかけるようになり、また余暇や趣味を充実させることも考えるようになりました。

しかし、これは決して仕事に対する情熱がなくなったり、手を抜いているわけではありません。いくら自分の商売であろうと、仕事ばかりの人生ではつまらないし、仕事と休暇をバランスよく取ることで、より仕事が充実し能率が上がるということが理解できるようになったからです。

これまで商売をしてきて、私は「1人のお店」を継続していく上で、満たさなければならないとても重要な3つの条件を見つけました。

それは、

「心身ともに健康であること」
「仕事や生活に生きがい・やりがいを見出せていること」
「商売で十分な利益が取れていること」

の3つ――つまり、「健康」「生きがい」「利益」です。

まず「健康」ですが、1人ですべてを担うワンマンショップの場合、病気で仕事を休むということは、その日の収入がゼロになるだけでなく、家賃と経費の日割り分や販売の機会損失を考慮すれば、マイナスになってしまうのです。言ってみれば、「お金を払って仕事を休む」ことと同じです。また、体調がよくても精神状態が悪いと仕事の能率は上がらず、愛想も悪くなり大事なお客様を逃がす可能性もあります。

よって、「心身ともに健康であること」は大事な条件のひとつとなります。

次に「生きがい」ですが、これはすべての仕事をする上で大事な条件なのでしょうが、特に1人で経営する場合は上司や先輩など、自分を戒めてくれる人が誰もいません。

たとえ寝坊して遅刻しようが、怠けて休もうが、誰も注意してくれないため、自己管理し続けなくてはなりませんが、そのためには仕事にやりがいを見出すことが大切です。

最後に「利益」ですが、これが十分に確保できていないと、「健康」と「生きがい」が維持できなくなります。仮に十分に利益の取れない商売を続けた場合、安定した経営を維持するためには、通常の何倍もの仕事量が要求されます。

そのために休みも返上し、からだを酷使することによって「健康」を保てなくなります。また、割の合わない注文ばかりだとやりがいもなくなってしまいます。必要以上の利益を求める必要はありませんが、健康や生きがいを害するほど利益の低い商売をしてはいけません。

こうした「1人のお店」の大原則を踏まえた上で、営業上のさまざまな注意点を見ていきましょう。

SHOP 6 「1人のお店」営業のツボ

①パートナーについて

「1人のお店」と言っても、よほど器用なスーパーマンでもない限り、オープン初日から1人でお店をすべて切り盛りすることは容易ではありません。

私は、何も初めから「1人」にこだわることはないと思います。やはり最初のうちは要所要所で従業員や身内の手伝いは必要となってきます。そして経験を積んでいくうちに、徐々に仕事に馴れ、最終的に1人で運営できるようになればいいと思います。

しかし経営上、人件費の割合は大きいので、できれば人件費の負担の少ない身内にお願いするのがベストでしょう。しかし、決して他力本願になってはいけません。パートナーはあくまでも自分の補助であって、一人立ちするまでの支えと考えるべきです。決して楽をするための都合のいい存在ではないことを認識して活用するようにしましょう。

②接客について

接客のタイプやスタイルは人や業種により千差万別です。

大手チェーン店のように一律の接客マニュアルがあれば別ですが、個人商店では、店主や従業員の、お客様に対するコミュニケーション力が頼りです。逆に言えば、それを最大限に利用して、大手が真似できないきめ細やかな接客をすることで、お店の個性や固定客を作れることが個人商店のメリットと言えるでしょう。

たとえば、綺麗な言葉で固めた心のこもっていない事務的な接客よりも、言葉遣いが少々なっていなくても、心配りが感じられる接客のほうがお客様の心をつかむことができるのです。

しかし、これを実行するには、かなりの経験が必要になってきます。それは、お客様一人ひとりがどんな人かを見極めなければならないからです。

人によっては親近感のある接客が、馴れ馴れしく感じられて嫌われることもあるでしょうし、世間話が好きな人もいるでしょう。こうした違いを見極めるには、やはりある程度の経験が必要です。

私の場合、売上げに貢献してくれるお客様一人ひとりの細かい購入パターンや商品内容などを書き留めたり、記憶していきました。

たとえば、このお客様は必ずビニール袋を必要とするとか、いつも同じ買い物をする常連のお客様には何も言わなくても、目が合っただけで商品を準備できるように記憶するなど、お客様が気持ちよくスムーズに買い物できるよう努力したのです。この結果、常連客も一見客もバランスよく来店してもらえるようになりました。

個々のお客様に細かい気配りができるのは、個人商店の最大の武器なのです。

そして次に、お店の店員さんはお客様から見て、その道のエキスパートだと思われないといけません。そうでないと、お店に不信感を抱き、信用をなくしてしまうからです。

質問したことに納得した答えを与えられないと、お客は「いいかげんなお店」とか「頼りないお店」と思い、信頼をなくし離れていってしまうため、時には知らないことでも対応するような「はったり」や「知ったかぶり」も身に付ける必要があります。

しかし、度を越えたはったりや知ったかぶりは、かえって信用を失いますので、注意が必要です。要は、罪のない程度、バレない程度の嘘も販売には必要ということです。

エキスパートだと思われるようにするには、いつも冷静で堂々としていることです。どんなことでもそうですが、冷静で堂々としている人は迫力があり、発言にも重みがあります。また、少しくらいつじつまが合わなくても気にならないものです。

逆に本当のことを言っていても、オドオドしていたら誰にも信用してもらえませんから、営業中はいつも堂々と振舞って仕事をするように心がけましょう。

③体調管理とテンションの上げ方

長く1人で経営していると、テンションを上げるのが難しくなります。と言うより、テンションが上がっていないときのほうが多いかもしれません。

私はそれでいいと思います。大事なのはテンションを上げることばかりを意識せず、どれだけ営業中にリラックスできるかにあるからです。

正直な話、よほどの繁盛店でない限り、毎日いつもバタバタしているお店は少ないものです。実際のところは忙しい時と暇な時が極端で、暇な時のほうが多いお店がほとんどです。販売業というのは、暇な時は本当にすることがないものです。

デパートの販売員ならそんな時でもピシッとしていないといけないものですが、個人経営の1人のお店ならその必要はありません。ある程度の範囲なら好きなことで時間を潰すことができるのです。

私の場合は、パソコンでインターネットをしたり、読書をしたり、ギターを弾いたり、時には居眠りもしています。

このように暇な時間に好きなことができるのは「1人のお店」の特徴と言えますが、忙しい時が続くと1人では大変厳しくなります。どんなに頑張っても手と足は2つずつしかないからです。人間には限界があるので、決められた時間内にできることは限られてしまいます。

そこで、業務時短のためにおすすめしたいことがあります。それは「禁煙」です。お店の経営からは話が少しそれてしまいますが、私が実践して効果が出た方法が、実は「禁煙」なのです。

タバコをやめるやめないは、人それぞれ考え方があるのでの強要できませんが、仕事の能率の面では大変に貢献してくれます。

私は以前、1日2箱（40本）を吸うヘビースモーカーでしたが、ある機会に禁煙しました。冷静になって1日の喫煙によって失われる時間を計算してみたのですが、仮にタバコ1本吸う時間が3分だとすると、1箱（20本）吸うのに1時間も失っている計算になります。私の場合は1日2箱だったので、1日2時間も無駄にしていたのでした。

おもしろいことに、タバコをやめた時から仕事も1日2時間短縮できるようになり、おかげで私は毎日2時間早く仕事を終えることができるようになりました。

④自分のペースを保とう

人の商売を端から見ていると、のんきで気楽に見られがちですが、現実は全然違います。

営業時間外や定休日に銀行へ行ったり、普段できない雑用や仕入れなどもしなくてはなりません し、時には集金に行ったりもします。

商売は、たとえるならマラソンのようなものです。始めから飛ばしてしまうと、すぐに息切れしてしまうため、できるだけ「自分のペースを保つ」ように心掛けないと、長く続けられなくなります。

サラリーマンは会社のために仕事をしなければなりませんが、商売は努力が直接自分に跳ね返ってくるので、ついつい力が入ってしまい、はりきりすぎてしまいます。

暇になったり売上げに納得がいかないと、すぐに自分を追い込んでしまうのです。

「今月は売上げ○○円が目標だ。休みなしで頑張るぞ」

「もっと売上げを上げるために何か努力をしないと……」

こうした気持ちは商売をする上でとても大切ですが、度が過ぎると自分を追い込んでしまい、最後には商売が嫌になってしまうことがあります。必要以上に肩に力を入れず、少し軽い気持ちで「細く長く」頑張りましょう。

SHOP 7 店舗運営の実際

①定休日と営業時間

開業当初は誰でもやる気に満ちているので、年中無休でできるだけ営業時間を長く設定しがちです。しかし、そうなると、1年中仕事だけのつまらない生活になってしまいます。また、めいっぱい営業時間を長くすると、継続するのが困難になってしまいます。何度も言いますが、フルマラソンをスタートから全力で走ったら、誰でも息切れを起こします。

そもそも、どんなに休まず、長い営業時間を設定しても、そのすべてが売上げに反映されるものではありません。1年を通じて営業時間を倍に増やしても、逆に営業時間を半分に減らしても、それによって売上げが倍になったり半分になったりはしないものです。

お客様はそのお店を必要とするなら、たとえ遠かろうと、営業時間が限られていようと、文句も言わずお店の都合に合わせてくれます。

何時間も待たないと入れない、行列のできるお店などはその典型的な例だと思います。

理解あるお客様というのは、定休日が明日なら今日か明後日に来店してくれるものなのです。そして、そのようなお客様の割合を増やしてこそ、自分のお店の価値が上がった証拠であり、売上げも伸びるのです。

ぜひ、仕事の流れや地域に合わせて、必ず定休日は週1回設けて、営業時間も同業店を参考にしながら少し余裕を持たせて設定してください。

閉店時間が18時のところを20時まで延長しても、たまに定休日返上で営業しても、周りからは決してクレームは来ません。しかし、逆に閉店時間を勝手に短縮したり、気ままで不定期に休んではいけません。やがて信用をなくし、クレームにもつながります。

そして、一度、定休日と営業時間を設定したなら、余程のことがない限りそれを変更してはいけません。雨の日も風の日もどんなに暇な日も、毎日決まった時間に営業する地味な積み重ねが、お客様や周りの人への信用になっていくからです。

②売上げ

「1人のお店」での販売ノルマや売上げ予定は、あいまいになりがちですが、経営を継続していくためには、生活費も含めた利益を確保しなければなりません。

そのためには、どれだけ販売しなければいけないのかを把握する必要があります。

このことを、「たこ焼き屋さん」を例に見てみましょう。

■たこ焼き屋の売上げ目標額設定の仕方

●粗利益率　70%で計算

(1)　1ヶ月の経費

家賃　7万円・水道光熱費　5万円　　計　12万円

(2)　備品・消耗品　　3万円

(3)　店主報酬（生活費）　　20万円

………………………………………………

1ヶ月の支出額　　35万円

粗利益は70%なので

35万円÷70%＝50万円

月の売上げは最低50万円必要

(4)　仕入れ

50万円（売上げ）−35万円（月の支出額）＝15万円（仕入れ額）

(5)　1日の売上げ

50万円÷25日稼動（週1回定休日）＝2万円／日

(6)　客数

たこ焼き　300円（6個）　500円（10個）　平均単価　400円

2万円÷400円＝50皿

1日の販売数は50皿必要

この例では、1日に50皿のたこ焼きを販売しなくてはなりません。

このように、経営を維持するための最低販売ノルマをきちんと計算しておきましょう。

③仕入れ先

仕入れ先は、商売をする上で、お客様と同じぐらい大事なパートナーです。

どんなによい顧客を持っていても、お客様の要望を満たす商品を仕入れる先がなければ話になりません。

現金を持ってその気になって探せば、たいていの商品が手に入るルートは誰にでも見つけることができます。

しかし、それが適切なパートナーとは限りません。肝心なのは、こちらの希望する質・価格・取引条件を満たしてくれるかどうかです。

いくら安く仕入れることができても、質が劣っていては意味がありませんし、高い仕入れなら利益が上がりません。また、値段や質をクリアできても、納期を守らなかったり、誤出荷が多かったりなど、対応が悪いとこれもまた仕事に支障をきたします。

これらを踏まえて、仕入れ先は厳選しなくてはなりません。

その上で、商売を有利に進めるために、取引条件も考慮しないといけません。

まずは、支払条件です。

先に述べたように、商売を有利に進めるためには、「仕入れは掛けで、集金は前金で」という方法がありますが、これを大いに活用しましょう。

それと、仕入れ先は1社だけにせず、必ず数社に分散させましょう。その理由は、支払いも件数に応じて分散されるからです。

たとえば、仕入れ先1社に対して毎月100万円を一括して支払うとなると、規模の小さい店舗にとってはかなりの負担となりますが、仮に10社にそれぞれ10万円ずつ分散させれば、支払い期日をずらすことができますし、支払い条件によっては来月に繰り越すこともでき、資金繰りはかなり楽になります。

私は開業当初は、資金面にゆとりがなく、いつもギリギリの線で資金繰りをこなしていました。その時にとても助かったのが、「買い掛けがきく仕入れ先」でした。買い掛けがきくと、商品を販売して集金した後に、仕入れ代金を支払うことができ、場合によっては集金したお金を他の支払いに回すこともできます。

また、仕入れ先を数社に分けることによって、支払い期日が分散され、このことも資金繰りを安定させるのに役立ちました。

日々の売上げは、上下があり不安定です。特に店舗販売は天候に左右されやすいですし、人の動向は読みにくいものです。こうした不安定な売上げから、安定した支払いをするには、このようなテクニックが必要なのです。

そして、最後に重要なのは、「ロット」です。ここでいうロットとは、仕入れ数の単位のことです。

仕入れは、小売りとは違い、ある程度の数量をまとめて購入しなくてはなりません。

しかし、大量販売を目指す大手量販店とは違い、私たち小店舗の個人商店では、ひとつの商品を大量に仕入れる必要がありません。

それよりも、少数で品違い・色違いのバラエティーに富んだ商品を多く揃えたいものです。

たとえば、ひとつの商品を１０００個仕入れるよりも、品違い・色違いで各50個ずつを20種類仕入れたほうが、販売しやすいですし、商品ロスも大幅に減ります。それが仮に少々割高な仕入れになったとしても、売りやすさとロスの低下のほうが私たちにとっては大きなメリットになります。

生花店というと、花市場のセリで商品を仕入れるというイメージが強いでしょうが、先述したように、実は、私はほとんどセリでは仕入れをしていません。

その理由のひとつに、セリに出ると1日の半分を仕入れに使ってしまうことがありますが、もっと大きな理由は、「ロットが多いこと」です。セリで買うと、基本的に1アイテムのロットは1箱単位です。ちなみに、1箱は産地や商品によって異なりますが、基本は100本です。

仮に、ある商品を10本しか必要としていなくても、100本買わなくてはなりません。

たしかに、生花問屋を通して仕入れるより、直接セリで買うほうが安いに決まっています。生花問屋で150円するものも、セリならば1本当たり100円で買えます。

しかし、セリなら最低ロットが100本ですが、生花問屋なら10本単位で購入できます。

仮に、40本しか売れず、残りの60本をすべて廃棄処分したとしたら、たとえ単価が100円だとしても、実質的には次のように計算され、実際の単価はかなり高くなってしまいます。

100円(1本単価)×100本(ロット)=10000円(総仕入れ代)
10000円(総仕入れ代)÷40本(実質の販売数)=250円(商品単価)

この計算からわかるように、セリで安く仕入れたとしても、結局は1本につき100円も高い仕入れになってしまいます。また、売れない商品を仕入れて処分するまでの管理を考えると、さらに無駄な手間や労力に費用と時間がかかります。

こうした理由から、私たちは上辺の安さだけにとらわれず、ロスのない仕入れを心がけなければなりません。

SHOP 8 商売で何を得るか？――自営業者としての自覚

商売とは、単に「金儲けの道具」ではありません。

たしかに自分や家族の生活費を稼ぐためには金儲けをしなくてはなりませんが、そのためだけに商売をするのでは、味気ないものです。現状維持に努めるだけのサラリーマンならそれでもいいでしょうが、私たちはそうではありません。

金儲けと並行して、自分のやりたいことやなりたいことを実現させなければいけないのです。「夢や理想」と「現実」の両立です。

目標を高く持って、お店や会社を持つことが、さらに上の夢や理想を実現するための手段になるようにしたいものです。

私も実のところ、学生のころからの夢がありました。それは、料理職人になって、本格的な居酒屋をやることでした。

当時の私に今のような根性があれば、迷うことなくその道に進んだのでしょうが、その時の私は何ごとにも自信を持つことができなかったのです。

それから、本書の冒頭で述べたように、自分の道を失った私は、しばらくの間、ニートになってしまったのです。

しかし、「本格的な居酒屋をやりたい」という夢は今も捨ててはいません。今でこそ、まったく違う業種のお店を経営していますが、夢に向かう方向性はズレてはいないのです。今の生花店でもっと自分自身を大きく成長させ、資金を蓄えて、今度は料理職人としてではなく、経営者として「本格的な居酒屋をやりたい」と思っています。つまり、今の生花店は、その夢を叶えるための「手段」になっているのです。

しかし、決して今のお店が「金儲けの道具」だけになっているわけではありません。もともと私は花が好きでこの商売を始めたのではありません。商売を始める上で、一番自分の条件に合った業種がたまたま生花店だっただけでした。しかし、今では自分の仕事とお店に愛着を感じています。

始めは何ごとも必死で精神的な余裕はなかったのですが、要領をつかみ、落ち着いて考えられるようになると、身銭を払って商品を仕入れ、それを現金化するまでの軽い緊張感や、すべての方針や業務を自分で決めて実行できることに大きなやりがいを見出しました。そう、私は「毎日の仕事が楽しい」のです。

私は「毎日の仕事が楽しい」ことこそが、商売で得るもっとも大切なことだと思っています。ですから、仮に「毎日仕事が辛い」と感じるのなら、すぐにでも辞めてしまったほうがいいと思いますし、辛いと感じたら、そう長くは続かないでしょう。

儲かっていようがいまいが、商売が単に「金儲けの道具」になってしまうと、これほど辛いことはありません。

せっかく、企業のようにうるさい上司や決まったルールもないのですから、自分のやりやすいよう好きに仕事しないともったいないと思います。自分の商売なのですから、おもいっきり仕事を楽しんでください。

SHOP 9

年度ごとに目標を設定しよう

何をするにあたっても目標設定は必要です。特に1人でお店を運営するとなれば、なおさらです。

「私は資金繰りがちゃんとできて、お店が存続できればそれでいい」という人もいるでしょうが、明確な目標もなく毎日だらだらと営業していたら、いずれ自分のテンションが下がってしまいます。

仮に一時的にテンションを上げることができたとしても、歳を重ねるごとに体力・気力とも低下して、「1人経営」が困難になってきます。

もともと「1人のお店」というのは、小資金・小リスクで独立開業するためのひとつの方法です。そして、商売のコツやノウハウや自信を身につけて、次にステップアップするための手段となります。

独立開業したら、それまで味わうことのなかった苦労や嫌なできごとを経験することもあるでしょうし、会社勤めのような安定した報酬や保証もありません。それでも起業するというのは、このようなリスクを背負っても絶対に叶えたい夢があるからです。

せっかく独立開業しても、そのこと自体が最終目的になってしまっては、あまりに小さくてつまらないと思いませんか？

野球少年から時を経てメジャーリーガーになったイチロー選手や松井秀喜選手も、目標を明確に設定し、それに向かって努力した結果、今のステップがあるのです。「1人のお店」経営も野球選手も、保証なしのからだひとつでプレーすることには変わりありません。自分の能力は無限の可能性を秘めていると信じて、自分の店舗という舞台でおもいっきり力を発揮して、次のステップへ羽ばたいてほしいと思います。

野球選手同様、私たちも明確な目標を決めて躍進しましょう。そのためには、まず「年度ごとの目標設定」をしてみましょう。

ここで肝心なことは、表面的な売上げ目標や利益目標を設定することではありません。はっきり言えば、商売は支払いができてなんとか生活さえできれば経営が成り立ちます。売上げや利益よりも大事なことは、その1年間で、何か新しいことを実行に移し、結果を出したかどうかです。目標を定める際には、このことを念頭に置くことが肝心です。

ただ単に、毎年同じことの繰り返しでお店の運営だけをしていても、おもしろくありませんし、自分の成長も止まってしまいます。

それどころか、単に年齢を重ねるだけで成長がなければ、退化していくのと同じです。せっかく、勤務時間や勤務体制を自分で決めることができるのですから、その中で何かにチャレンジしてみてはどうでしょう?

たとえば、仕事の合間に何かの資格を取るために勉強をしてみたり、本業にさしつかえなければ、副業をしてもかまわないと思います。要は、店舗経営だけで満足してはいけないということなのです。

人間というのは、少し無理をしたり、努力をしない限り、成長したり向上しないものですから、1年単位で何か目標を立ててみましょう。

ただし、本業の店舗経営に支障をきたすような無理難題を自分に押しつけてはいけません。また、1年という時間は自分が思っているよりかなり早く過ぎてしまうので、あまり負担の大きい目標はかえって逆効果です。

まずは身近で「小さいことだが少し努力しないと手に入らないこと」を探してみましょう。それを実践することにより、毎年確実に成長する自分に出会えるはずです。

SHOP 10

長期的な目標を立てる

年度ごとの目標設定も大切ですが、もっと長い目で目標を設定しておく必要もあります。大事なことは、設定した目標が実現するかどうかではありません。この場合の目標とは、あなたの人生をかけた商売の方向性を示すものだと理解してください。

商売を「大海原を航海する船」にたとえてみましょう。

船を自分の会社なり店舗にたとえるなら、商売を始めるということは、船に乗り、船長のあなたが舵取りをするということです。そして、船に乗り込んだり降りたりするためには必ず、「港」が必要です。

船は、どんな時も目的地の港に向かって進んでいくことになります。そして、いったん船に乗ると、次の港に着かない限り降りることができません。

これを商売に置き換えれば、いったん商売を始めたら、次の節目にたどりつかない限り終われないと言えるでしょう。

もし、売上げ不振で資金繰りがうまくいかなかったり、モチベーションをうまく上げられず、精神的に挫折してしまい、途中で廃業してしまうことがあるとすれば、それは航海でいう難破や沈没ということになるのです。

だから、そうなる前に必ず次の港を目指し、たどり着かなければならないと言えます。

誰もが、まずは「起業」という港から出発します。そして、乗り込む船のタイプはさまざまです。大きい船や小さい船、スピードが速い船やゆっくりの船など、さまざまですから、次の港へたどり着くペースも船によって違ってきます。

でも、それを気にする必要はありません。

なぜかと言うと、決して早く到着することがいいとは限りませんし、何より目指す方向も港の場所も船によってそれぞれみんな違うからです。自分はどの方角のどの港を目指すのかを明確にしておくことが肝心なのです。

そのためのひとつの基準となる節目を定めてみましたので、ご自分に照らし合わせてみてください。

①「何年間やるか?」という港

船が港に着いて、そこから新たな船に乗り換えて次の港へ向かう時には、過去の実績・経験・人脈・資金などを生かして、前の船よりも大きくて丈夫で高性能の船に乗りたいものです。そのためには、今の商売をいつまで続ければいいのでしょうか?

それが決まるまでには、次の3つのことがクリアできていなくてはなりません。

●開業資金（初期投資）が全額回収できていること（借り入れなら全額返済が終わっていること）

●なおかつ、次の展開を起こすための投資資金があること

●商売を通じて、自分が十分な経験と実績を積んでいること

これらの条件がクリアできた時が、次の船への乗り換えを考える時です。

もし、条件がひとつでも欠けていたら、まだ次の港に着いていない証拠です。

開業資金を1年で回収できる人もいれば、5年かかる人もいます。また、短期間で十分な経験と実績を積む人もいれば、比較的長い期間を要する人もいるはずです。

このように、条件は人それぞれ違いますので、自分を客観的に分析した上で、次のステップに進む時期を決める必要があります。

▼②「何歳から始めるか?」という最初の港

「1人のお店」の経営は何かと体力が必要です。このことは、「何歳までやるか?」ということにつながりますし、別の見方をすれば、「何歳から始めるか?」に通じます。

「商売は一生現役だ」と言いますが、気力・体力ともに充実している時期に商売するほうがいいに決っています。

よほど有利な資格や特殊な技術がない限り、商売を一から軌道に乗せるまでは、相当の気力と体力が必要になります。その意味では、起業は年齢が若くパワーがみなぎっているうちに、始めることをおすすめします。

私は26歳で起業して、現在35歳になります。若くして始めたおかげで、約9年間の商売の経験を積んでも、まだまだ気力・体力があります。そのため、気力・体力を維持したまま経験が積むことができ、その分、次の展開にも有利になってくるのです。

また若ければ、よほど大きな商売でない限り、仮に失敗しても、復活し再起しやすいものです。

このような理由から、起業は若い内に経験したほうがいいと思います。

③「いくら貯まるまでやるか?」という港

商売で貯めたお金というのは、あまり抵抗なく、次の事業資金に投資できるものです。手持ちのキャッシュが多ければ多いほど、次の展開の選択幅は広がります。

商売で貯めたお金は、「経営ノウハウや経験」という財産まで残してくれます。その分、次回はその資金を効率よく使うテクニックも身についているはずなので、より有効にお金を使えるはずです。だから、起業時の100万円と次の展開時の100万円では、重みが違ってきます。後者のほうが前者より数段、有効に資金運用と投資ができるはずです。

「いくら貯まるまでやるか?」を目標に掲げれば、日ごろからシビアでスリムな経営を心がけることができるようになります。

サラリーマンの場合、月々入る給料は決まっているので、生活費を削らない限りは貯蓄には回せません。

これに対し、独立開業者には給料という決まった枠がないので、売上げを伸ばしたり、仕入れや経費などの支払いをうまく調整すれば、浮いたお金を貯蓄に回すことができるのです。

その際のポイントは、決して無理をしないことです。「塵も積もれば山となる」の精神で、少しの金額でいいので貯蓄癖をつけましょう。

私が実践している方法があります。それは「500円玉貯金」です。笑う方がいるかもしれませんが、決してこの貯蓄方法をバカにしてはいけません。特に、日ごろから小銭をたくさん扱う小売業は、「500円玉貯金」との相性がバッチリです。

100円ショップで売っている、500円玉貯金箱(満タンになれば、30万円貯まる)を利用して、毎日の清算時に売上げの一部を500円玉に替えます。

それを貯金箱に入れるだけなのですが、この方法のメリットは次の通りです。

- **缶切りがないと開けることができない（簡単には使えない）。**
- **500円単位と少額なので負担が少ない。**
- **毎日の清算業務のひとつに組み込めば、習慣となって苦にならなくなる。**

仮に、1日に1000円（500円玉×2枚）を貯金箱に入れていけば、1ヶ月で3万円貯まります。これをたった10ヶ月続けただけで、なんと貯金箱は満タン（30万円）になるのです。

このように地道で小さな努力が、やがて大きな結果となって返ってくるのです。

▼④「自分は何になりたいか？」という港

これまでお話しした港は、どちらかと言えば起業してからの距離や時間を確認し設定するものでしたが、最後の港「自分は何になりたいか？」というのは、船の「方向」を決めるためのものです。

ここで重要なのは、「自分は何のために起業するのか？」という理由です。

「お金持ちになって、別荘を建てたい」「会社を大きくして、周りから尊敬されたい」など、なんでもいいと思います。

要は、他人に迷惑をかけずに、ちゃんと社会貢献ができればいいのです。大事なのは、その気持ちを強く持ち続けることです。

ダイエットのように、「お気に入りの洋服を着たいから痩せる」「彼氏がほしいから痩せる」などの強くて明確な目標がないと、なかなか実現せずに途中で挫折してしまいます。また、明確な目標を立てると、必然的に距離や時間も決まってきます。

たとえば、あと10キロ痩せないと、春までに着たい洋服が着られないのであれば、期限は今から春までで、10キロ減量が目標となります。

これと同じように、船の行き先を決めれば、同時にそこまでの距離や時間もわかるのです。このように、商売という船に乗り込む時は、必ずその船の行き先を明確にしておくことが重要と言えるでしょう。

SHOP 11 「1人のお店」から次のステップへ

ここまで読んでいただいて、あなたは「1人のお店」をどう解釈されたでしょう？ 中には、「こんなことは、一部の器用な人だけができる方法だ」「都合のいいことだらけの理想論だ」と思われる方もおられるでしょう。

しかし、私は器用な人間でもなければ、理想論を述べてきたのでもありません。普通の人間が実践を通じて得たものをお伝えしてきたのです。

正直に言えば、商売がうまくいくかいかないかは、始めてみないと誰もわかりません。大事なのは、商売に「情熱を持ってチャレンジ」できるかどうかです。

人間は誰でも大人になると、特に男性の場合は、一生の大部分を「仕事」に打ち込まなければなりません。

その「仕事」に、生活のためだからと、仕方なく苦痛を感じながら向かい合っていたら、その人の人生は非常につまらないものとなってしまいます。

「仕事自体は楽しいが、会社の人間関係が……」など、世の中、理想の環境に置かれることはなかなかありません。

しかし、どんな環境にあろうと、「仕事」を嫌いになるか好きになるかは、すべて自分の心の持ち方ひとつで決まります。

もし、仕事に不満で、すぐに会社を辞めてしまったら、やがてまた違う仕事を探すようになってしまうでしょう。そして、最後は就職先もなくなり、路頭に迷ってしまうのです。

こうならないために、一度、発想を変えてみてはどうでしょうか？ そうです、理想の仕事がないのなら、ゼロから自分で作ってみたらいいのです。そのひとつが「自分の店舗」を持つことです。

頭ごなしに、自分には到底できないと思わないでください。まずは失敗を恐れず、冷静に人生の選択肢のひとつとして検討してほしいのです。

私は独立を選択しても、精神的・資金的に短期間で復活できる範囲なら、仮に失敗してもいいと思います。復活できる範囲内であれば、どんどんチャレンジする価値があるからです。

そして、その方法として、これまで「1人のお店」を紹介してきました。

すべてひとりで開業・運営するということは、生半可なことではありませんが、その大きなハードルを越えることによって、新しい自分と新しい目標が見えてくると確信しています。

大事なのは、「1人のお店」を始めることがゴールではなく、その先にある理想の自分に少しでも近づくことだと思います。お店の開業は、そのための手段としてとらえればいいのです。

そして、もうひとつ。やったことすべてが必ず結果として自分に返ってくる「商売」を通じて、自分の「生きがい」や「存在価値」を実感してほしいと思います。

私は、技術も資格も資金も人脈も何ひとつ持っていない「ただの凡人」です。そんな凡人の私にでもできたのです。

だから、あなたにも絶対にできます。ぜひ、自分の可能性を信じてチャレンジしてみてください。

■開業年の資金計画■

⑴　収入の部

自己資金	2,500,000	
借入金	3,500,000	10年返済　金利　　3,5%
売上収入	25,000,000	
計	31,000,000	

⑵　支出の部

①　変動費

商品仕入代	16,250,000	
諸経費	6,000,000	
専従者給与	1,500,000	
計	23,750,000	

②　固定費

店舗権利金	900,000	（仲介手数料を含む）
設備費	2,530,000	（フラワーキーパー・車両代含む）
開業費	1,830,000	
借入金返済額	350,000	10年均等返済
計	5,610,000	
支出の計	29,360,000	

③　予備費　1,640,000

消耗品費	200,000
予備・運転資金	500,000
車両購入費	400,000
合計	1,730,000
☆総合計	5,910,000円

■開店資金の明細■

①　開店時の店頭商品と在庫

切花	150,000	
鉢物	300,000	
その他	200,000	（オープン記念の粗品も含む）
合計	650,000	

②　店舗権利金（仲介手数料含む）

900,000

③　店舗設備費

看板工事	30,000	（既存の物を修正利用）
内装工事	500,000	（フロアー・クロス等）
外装工事	100,000	（シャッター・外壁等）
合計	630,000	

④　什器設備

レジ・包装作業台	200,000
陳列容器	100,000
商品棚	150,000
フラワーキーパー	1,500,000
その他	50,000
合計	2,000,000

⑤　その他

事前研修費	230,000	
広告宣伝費	400,000	（チラシ等）

■営業損益見積書■

	開業年	2年目
純売上高	25,000,000（100%）	30,000,000（100%）
売上げ原価	16,250,000（65%）	18,000,000（60%）
粗利益	8,750,000（35%）	12,000,000（40%）
販売費・一般管理費		
水道光熱費	360,000	360,000
通信費	250,000	350,000
包装費	150,000	200,000
消耗品費	360,000	400,000
広告宣伝費	600,000	500,000
管理諸費	600,000	600,000
修繕費	100,000	100,000
損害保険料	15,000	15,000
店舗家賃	882,000	882,000
駐車場賃借料	200,000	200,000
支払利息（350万円×3.5%）	122,500	110,000
減価償却費	350,000	350,000
権利金償却費	450,000	450,000
開業費償却費	2480,000	0
教育研修費	300,000	300,000
その他経費	300,000	300,000
販売費・一般管理費計	7,519,500	5,117,000
差引金額	1230,500	6,883,000
従業員給与	1500,000	2,000,000
営業利益	▲269,500	4,883,000
平均従業員数	2.0人	2.0人

・生命保険営業マンの顧客訪問の手土産など

【13】事前準備しておくこと

・宅配通信システム（花キューピットなど）に加盟

・ギフト用資材　　リボン・包装紙・セロハンなど

・花市場へ仕入れの交渉手続き

・生花・鉢物の名前、水揚げ方法、保存法、売れ筋等の研究

☆周年出回っているモノ

・菊（大輪・小菊・スプレー菊等）　10～15種類

・バラ（スタンダード・スプレー等）　5～10種類

・カーネーション（スタンダード・スプレー等）　5～10種類

・百合（ＨＢ・透百合等）　8～10種類

・トルコキキョウ

・スターチス

・ガーベラ

☆季節のモノ

春

・チューリップ、フリージア、バラなど

夏

・ひまわり、リンドウ、ケイトウなど

秋

・菊、コスモス

冬

・椿、水仙、

☆鉢物

胡蝶蘭、オンシジュウム、シンピジュウムなど（ギフト用）

ベンジャミン、幸福の樹など（観葉植物）

パンジー、日々草など（苗物）

☆肥料や資材

花の土、腐葉土、赤玉、鹿沼土など

クリスマス等の飾りつけ用品など

【12】提案型販路開拓の例

・ガソリンスタンドの粗品

・住宅展示場などのイベント景品

・美容室などの来店記念品

低価格の目玉商品など

【8】モノ日と売れる花

1月15日	成人式
2月14日	バレンタインデー
3月3日	ひな祭り　桃・菜の花など
3月14日	ホワイトデー　白いバラなど
3月20日	お彼岸　仏花・墓参りの花
3月下旬	卒業式・歓送迎会
5月第2日曜日	母の日　カーネーション
6月第3日曜日	父の日
8月15日	お盆　仏花・墓参りの花
9月15日	敬老の日
9月23日	お彼岸　仏花・墓参りの花
12月初旬	お歳暮　高額の鉢物など
12月24日	クリスマス
12月28～31日	正月用　松竹梅・千両・南天など

【9】仕入れ先は市場だけとは限らない

・生産農家へ直接買い付ける
　榊・南天・梅・コスモス・小菊など
・山へ直接取りに行く
　枝モノ類・うらじろなど

【10】その他

・店内はコードレス電話を利用
・常にサービス品を設けること
・お客様がいつも聞くのは水揚げの方法や保存方法である
・車両や作業台などは可能な限り手持ちのものを利用する

【11】主な定番商品

9月　200万円　　　11月　150万円
10月　150万円　　　12月　450万円
年間売上げ　2500万円

【7】価格戦略

近年、生花の値段が高くなり過ぎて「花は高い」イメージが定着しています。これに目をつけたスーパーや量販店が低価格のカジュアルフラワー（100円～400円までのセット花）を主に店頭販売するケースが増え、既存の専門店が伸び悩んでいる中、これらの業種は逆に売上げ増となっています。

このことから、専門店の価格設定に転機が来ていると思われます。価格設定は最も重要な営業、経営戦略であるので、競合店や他業種販売の価格をよく見ながら決定しないといけません。

後述のように、一般的な生花専門店の粗利益率は約45％ですが、当方は戦略上、これを35％程度にしたいものです。具体的には、

	当店	一般的な生花専門店
実質粗利益	580円（35％）	925円（46％）
‖	‖	‖
売価	1680円（100％）	2025円（100％）
｜	｜	｜
ロス（仕入れの10％）	100円（6％）	100円（4％）
｜	｜	｜
仕入れ価格	1000円（59％）	1000円（49％）

のようになります。

常に他店との価格を比較すること。

・特に比較されやすいもの
　仏前用供花
　神棚用榊

入しにくい分野（結婚式・開店花・ギフト・業務用など）の確立が良策である。

・専門知識と技術の習得

・３年目をめどに、これらの専門店の設立も視野に入れる

【３】取り扱い商品（売上げ比率）

切花　70％

鉢物　25％

その他（資材や肥料など）５％

注：店舗の立地により比率は変わります。

【４】販売方法の目標比率

	開業年	２年目	３年目
店頭販売	80％	70％	60％
外商販売（宅配）	20％	30％	40％

【５】店舗関係

・所有形態　借店舗

・営業地　人口10万人以上の都市が望ましい

・店舗面積　10～15坪

・権利金　300万円以下（仲介手数料も含む）

・家賃　20万円／月　以下

・立地条件

駅や繁華街に近く、人通りの多い街路に面したところ（路面駐車できればなお可）

住宅街やショッピング街に近いところ

オフィス街や病院に近いところ

【６】月別の売上げ予想（開業年）

１月	150万円	５月	250万円
２月	150万円	６月	150万円
３月	300万円	７月	150万円
４月	150万円	８月	250万円

生花店開業　事業計画書　（素案）

作成日　平成○年○月○日

【１】営業概要

・業種　生花店
・屋号　未定
・所在地　未定
・事業主　西本浩也　その他専従者１名
・開業予定日　平成９年８月～９月
・定休日　未定（週１回）
・営業時間　ＡＭ９時～ＰＭ８時

【２】営業方針

⑴　地域密着型で一番店を目指す

・商品構成　切花120種・鉢物60種（品種、色違いを含む）
・適切な価格設定　既存の生花店より２割ほど安く
・豊富な専門知識と技能　安価、良質、親切、便利、当たり前のことを努める

⑵　宅配による固定客の開拓

・３年で販売比率50％を目指す
・開拓先
フラワー教室、ホテル、料亭、バー、クラブ、レストラン、喫茶店、カラオケ店、病院（委託販売など）、寺院、学校関係、各種団体など

⑶　専門分野の重視

近年、ディスカウント店や青果店等の他業種による店頭販売で価格破壊が進み、これが消費者の支持を得て拡大しており、これからもこの傾向は続くと思われます。だとすれば、専門店としては技術と知識、品質や品揃えを駆使するとともに、他業種が参

付録　事業計画書の書き方見本

ここでは、私が生花店を開業する際に作成した事業計画書をそのまま示しますので、参考にしてください。

この事業計画書は、ある税理士の先生と共同制作したものですが、形式にとらわれず、誰が見ても理解できるよう自分なりに作成しています。

これが正しい事業計画書だと胸を張って言えるできではありません。しかし、当時私は開業資金の調達のために、これだけを持って国民金融公庫へ融資を依頼し、結果、取引実績のない新規の私が希望額の融資を受けることができましたので、安心してご覧ください。

決して、これと同じものを作成すれば、必ず融資を受けられるというわけではありませんが、事業計画書を作成する際の参考にはなると思います。

この事業計画書を作成した当時は、起業しようと思い立ったときでしたので、店頭販売と外商販売の二つをメインにする経営方針でした。そのため、現在の経営内容とは多少違いがあります（というより、「1人のお店」の経営スタイルとはまったく正反対になっています）。

また、この事業計画書はそれなりに余裕のある金額を融資してもらうために作成したので、売上げ・経費・商売の規模など多少おおげさに書いてあります。

事業計画書の数字や規模がどうあるべきということではなく、誰が見てもわかりやすい事業計画書とはこういうものだ、という感じをとらえてください。

著者略歴

西本　浩也（にしもと　ひろや）

小店舗開業・運営プロデューサー。生花店経営。

1971年、奈良県出身。県内高校卒業後、雑貨販売店へ入社。

19才で店長を任され、店舗運営の基礎を学んだ後、父親の経営する輸入雑貨卸業にて商売を直接体験する。

それらの経験を活かし、平成10年に現在の生花店を開業。

業界未経験ながら、現在も安定経営を実現している。

そして今まで実践で得た経験とノウハウで、他業界の個人商店経営者や起業希望者に、指導・アドバイスをしている。

はじめよう！　1人でできる小さなお店

平成18年 8 月11日　初版発行
平成22年 1 月29日　 2 刷発行

著　者　西本浩也
発行者　中島治久

発行所　同文舘出版株式会社
東京都千代田区神田神保町1-41　〒101-0051
電話　営業03（3294）1801　編集03（3294）1803
振替　00100-8-42935　http://www.dobunkan.co.jp

 ISBN4-495-57251-2
印刷／製本：東洋経済印刷 Printed in Japan 2006